Wolfgang Halm

Spanisch für Sie Grammatik

Max Hueber Verlag

ISBN 3-19-00.4035-4

3 2 1 1981 80 79 78 77
Die jeweils letzten Ziffern bezeichnen Zahl und Jahr des Druckes.
Alle Drucke dieser Auflage können nebeneinander benutzt werden.
Gesamtherstellung: Sellier GmbH, Freising
Printed in Germany

Inhalt

Vorwort 7

Die grammatische Terminologie 9

Das Verb 18

Die Konjugation der regelmäßigen Verben 19
Verben auf -ar 19
Verben auf -er 21
Verben auf -ir 24
Reflexive Verben auf -arse, -erse, -irse 27

Die Konjugation der „Gruppenverben“ 28
cambiar und enviar 28
continuar 30
pensar/entender 31
contar/soler 32
volver 34
sentir 35
dormir/morir 36
pedir 38
construir 39
ofrecer 40

Die Konjugation der unregelmäßigen Verben 41
andar 41
caber 41
caer 42
conducir 42
dar 43
decir 44
estar 45
haber 46
hay 46
hacer 47

ir 48
oir 49
poder 50
poner 51
querer 52
saber 53
salir 55
ser 55
tener 57
traer 58
valer 59
venir 59
ver 61

Übersicht über die wichtigsten unregelmäßigen Formen der Verben 62

Besonderheiten in der Schreibung einzelner Verbformen 65
Verben auf -car 66
Verben auf -gar 66
Verben auf -zar 66
Verben auf -cer 67
Verben auf -ger und -gir 67
Verben wie leer, caer, creer 68

Zum Gebrauch der Verben 69
Reflexive und reflexiv gebrauchte Verben (sowie Passiv) 69
Der Gebrauch von haber und hay 73
Der Gebrauch von ser und estar 74
Der Gebrauch des Subjuntivo 79
im Hauptsatz 79
im daß-Satz als Ausdruck der Willensäußerung 79
im daß-Satz als Ausdruck von Gefühlen 81
im daß-Satz als Ausdruck der Nichtwirklichkeit 82
im daß-Satz nach unpersönlichen Ausdrücken 82
im Relativsatz 85
nach bestimmten Konjunktionen 86
Indikativ/Subjuntivo nach bestimmten Konjunktionen 87
Potencial 89
Potencial und Subjuntivo im Bedingungssatz 90
Imperativ 91

Verwendung der Zeiten 93

Indirekte Rede und Zeitenfolge 97

Infinitiv . . . 102
Infinitiv als Substantiv . . . 103
Infinitiv ohne Präposition . . . 104
Infinitiv mit Präposition . . . 105
Infinitiv als Verkürzung von Nebensätzen . . . 108
Infinitiv zur Verkürzung von Hauptsätzen . . . 109
Gerundio . . . 110
Gerundio nach bestimmten Verben . . . 111
Gerundio als Verkürzung von Nebensätzen . . . 112
Partizip . . . 112
Modal- und Hilfsverben . . . 114
Verben mit besonderer Satzkonstruktion . . . 116

Artikel und Geschlecht der Substantive . . . 117

Der bestimmte Artikel . . . 117
Der unbestimmte Artikel . . . 118
Besonderheiten in der Verwendung des Artikels . . . 119
Wegfall des Artikels . . . 120

Das Substantiv . . . 122

Bildung des Plurals . . . 122
Besonderheiten in der Verwendung von Singular und Plural . . . 123
Die Deklination des Substantivs . . . 123

Das Adjektiv . . . 125

Die Formen des Adjektivs . . . 125
Die Stellung des Adjektivs zum Substantiv . . . 126
Vergleich und Steigerung des Adjektivs . . . 128

Das Adverb . . . 133

Vergleich und Steigerung des Adverbs . . . 139
Die Verwendung spanischer Verben statt deutscher Adverbien . . . 141

Das Zahlwort . . . 142

Die Grundzahlen . . . 142
Die Ordnungszahlen . . . 145

Das Pronomen . . . 147

Das verbundene Personalpronomen . . . 147

Das ergänzende verbundene Personalpronomen 151
Die Stellung des verbundenen Pronomens zum Verb 153
Das selbständige Personalpronomen 155
Das Possessivpronomen 158
Das Demonstrativpronomen 160
Das Interrogativpronomen 162
Das Relativpronomen 166
Das indefinite Pronomen 170

Die Präposition 176

Ort und Raum, Richtung und Bewegung 176
Zeit 178
Beziehungen zwischen Personen 180
Grund, Ursache 180
Zweck, Bestimmung, Absicht 181
Beschreibung 182
Mengen, Zahlenverhältnis 183
Andere Beziehungen und Verhältnisse 183

Die Konjunktion 187

Die Negation 192

Betonung und Rechtschreibung 196

Wortbildungselemente 199

Wort- und Sachregister 203

Vorwort

Was will diese Grammatik? Was will sie nicht?

Im modernen Sprachunterricht – wie etwa mit dem Lehrwerk „Spanisch für Sie" – soll, so weit wie irgend möglich, ohne Zuhilfenahme der Muttersprache gelehrt und gelernt werden, es soll möglichst viel *in* der Sprache gesprochen werden und nicht *über* die Sprache. Es soll also von Grammatik möglichst wenig oder überhaupt nicht die Rede sein. Denn wer nach Spanien oder Südamerika reist, wird dort nicht *über* die Sprache und ihre Regeln sprechen, sondern er muß verstehen und sich verständlich machen. Darum sollte der Lehrer – als spanischsprechender Partner im Kurs – die Teilnehmer auf diese Lebenssituation vorbereiten, sie durch ständige Anwendung der Sprache gezielt trainieren.

Nun ist aber der erwachsene Lerner oft nicht ganz glücklich, wenn er zwar merkt, daß er viele wichtige Dinge in der fremden Sprache verstehen und auch ausdrücken *kann* – intensive Übungen haben ihn so weit gebracht –, daß er aber immer noch nicht hundertprozentig *weiß*, welche Regel dahintersteckt. Er möchte schwarz auf weiß die Bestätigung, daß er alles richtig verstanden hat. Solche Regeln wird er in dieser Grammatik finden, und dazu selbstverständlich immer einige deutliche Beispiele, die ihm auch hier beim Nachschlagen und Wiederholen wieder wichtiger sein sollten, als die Regel selbst.

Diese Grammatik kann also eine sinnvolle *Entlastung des Unterrichts* bedeuten: der Kursleiter braucht keine wertvolle Zeit zu opfern, um den Wunsch nach dieser Art der Bestätigung zu befriedigen. Dieser Wunsch ist übrigens auch deshalb verständlich, weil viele von uns in der Schule noch so gelernt haben, daß am Anfang eine Regel stand und man dann versuchte, nach dieser Regel „Sätze zu bilden". Diese Grammatik sollte aber nicht dazu verführen, wieder in eine solche theoretische Art des Lehrens und Lernens zu verfallen.

Schließlich wird es eine Aufgabe dieser Grammatik sein, denjenigen Lernenden zu helfen, die eine versäumte Kursstunde selbständig nachholen wollen. (Das Lehrwerk „Spanisch für Sie", dem viele Beispiele entnommen sind, enthält in jeder Lektion die entsprechenden Hinweise auf diese Grammatik.)

Für Benutzer des Lehrwerks „Spanisch für Sie" bringt diese Grammatik eine besondere Möglichkeit der Wiederholung: bei vielen der 400 Abschnitte wird auf Übungen des Lehrwerks hingewiesen, die sich zur Wiederholung des angesprochenen Lernstoffes in dialogischer und oft auch situationsentsprechender Form eignen. (II. 2. 4. bedeutet: Band II, Lektion 2, Übung 4.)

Stoffauswahl und Darstellung

Die Grammatik enthält eine Auswahl der wichtigsten Strukturen des Spanischen. Diese Auswahl stützt sich auf die Häufigkeit des Vorkommens in gesprochenem und geschriebenem Spanisch[1], gleichzeitig aber auch auf die Notwendigkeit und Nützlichkeit der Strukturen für den Lernenden[2]. So scheint gesichert, daß jeder Ballast vermieden wird[3], aber auch, daß nichts fehlt, was der Lernende aktiv beherrschen sollte.

Die behandelten sprachlichen Erscheinungen werden jeweils zuerst in Beispielen dargestellt, die echten gesprochenen oder geschriebenen Äußerungen entnommen sind. Dadurch wirkt, so hoffen wir, diese Grammatik weniger trocken als manche andere. Es folgt eine möglichst einfach gehaltene Beschreibung der dargestellten Beispiele, wobei bei aller Einfachheit allzu unpräzise Aussagen vermieden werden[4]. Querverweise helfen bei der Herstellung eines systematischen Überblicks.

---

1 Hayward Keniston, *Spanish Syntax List*, New York 1960.

2 Vgl. Albert Barrera Vidal, *Das VHS-Zertifikat Spanisch*, Pädagogische Arbeitsstelle des Deutschen Volkshochschul-Verbandes, Frankfurt 1970.

3 So wird z. B. keine Regel zur Nichtverwendung des Artikels bei *don, doña* aufgenommen – *don Tomás y doña Eusebia están esperando el tranvía* –, da der nichtspanische Lernende einer derartigen Aussage zwar einmal begegnen kann, sie aber wohl kaum je aktiv beherrschen muß.

4 Leider stehen auch in jüngsten Veröffentlichungen immer wieder Sätze wie die folgenden: „Das Alter wird mit dem Verb *tener* ausgedrückt". „Vor Titeln steht der bestimmte Artikel, wenn man von jemandem spricht".

Die grammatische Terminologie

Das Adjektiv – das Eigenschaftswort
ein Wort, das angibt, *wie* eine Person oder Sache ist:
bonito hübsch, *azul* blau, *moreno* dunkelhaarig (oder auch: braungebrannt), *inteligente* intelligent, *alto* hoch/groß.
Im Deutschen hat das Adjektiv und das → Adverb die gleiche Form, im Spanischen normalerweise nicht:
El vino es *bueno*. Es un vino *bueno*. Der Wein ist *gut*. Es ist ein *guter* Wein.
Miguel canta muy *bien*. Miguel singt sehr *gut*.
→ Komparativ, → Superlativ

Das Adverb – das Umstandswort
ein Wort, das angibt,
a. wie jemand handelt oder wie etwas geschieht:
   El tiempo pasa *rápidamente*. Die Zeit vergeht *schnell*.
   Pablo habla *despacio*. Pablo spricht *langsam*.
   El libro se vende *muy bien*. Das Buch verkauft sich *sehr gut*.
b. wann jemand handelt oder wann etwas geschieht:
   Nosotros lo hacemos *hoy*. Wir machen das *heute*.
   El ha llegado *antes*. Er ist *vorher* angekommen.
   Se ha levantado *temprano*. Er ist *früh* aufgestanden.
c. wo jemand handelt oder wo etwas geschieht:
   Le he visto *allí*. Ich habe ihn *dort* gesehen.
   No ha estado *aquí*. Er ist nicht *hier* gewesen.
   Ha estado *arriba*. Er ist *oben* gewesen.

Statt eines Einzelwortes als Adverb gibt es auch adverbielle Ausdrücke, die aus mehreren Wörtern bestehen:
a. Lo hace de *una manera muy interesante*. Er macht das sehr interessant.
b. Lo haré *lo más pronto posible*. Ich werde es möglichst bald machen.
c. Le he buscado *por todas partes*. Ich habe Sie überall gesucht.

Akkusativ – 4. Fall, Wenfall
siehe Deklination

Der Artikel – das Geschlechtswort
ein Wort, das vor dem Substantiv (oder vor einem anderen, als Substantiv gebrauchten Wort) steht und das Geschlecht des Substantivs angibt.

Im Deutschen gibt es drei Geschlechter:
männlich: der Tisch, der Wagen
weiblich: die Sonne, die Tür
sächlich: das Haus, das Paar

Im Spanischen gibt es für Substantive nur zwei Geschlechter:
männlich (masculino): *el señor* der Herr, *el sol* die Sonne
weiblich (femenino): *la mesa* der Tisch, *la casa* das Haus
Nur für Wörter, die eigentlich keine Substantive sind, aber als solche verwendet werden (substantivierte Adjektive, substantivierte Zahlwörter), gibt es im Spanischen einen dritten Artikel bzw. ein drittes Geschlecht:
sächlich (neutro): *lo bueno* das Gute, *lo mejor* das Beste, *lo primero* das erste

Dativ – 3. Fall, Wemfall
siehe Deklination

Deklination – Beugung des Hauptworts
Die Deklination eines Substantivs umfaßt die verschiedenen Formen, in denen es auftritt:

wer?	*el señor Peralta*		Herr Peralta	(dieser „Fall“ heißt Nominativ)
wessen?	*del señor Peralta*	des	Herrn P.	(dieser „Fall“ heißt Genitiv)
wem?	*al señor Peralta*	(dem)	Herrn P.	(dieser „Fall“ heißt Dativ)
wen?	*al señor Peralta*	(den)	Herrn P.	(dieser „Fall“ heißt Akkusativ)

Demonstrativpronomen – hinweisendes Fürwort
z.B. *este autobús* dieser Autobus, *éste* dieser/der hier

Diphthong – Doppellaut
Die enge Verbindung von zwei Vokalen (Selbstlauten), die im Spanischen zu einer Silbe werden. Dabei ist im Spanischen einer der beiden Vokale ein *i* oder ein *u*. Beispiele: *tiene* (tie-ne), *cuenta* (cuen-ta).

Futur – Zukunft
Wir benützen die beiden Bezeichnungen, die eigentlich das gleiche bedeuten, folgendermaßen: als „Zukunft“ bezeichnen wir alles, was sich tatsächlich in der Zukunft abspielen wird oder kann, mit „Futur“ bezeichnen wir bestimmte Verbformen, die in allen Grammatiken so genannt werden, aber nicht notwendigerweise eine Zukunft bedeuten. Beispiel:
No *estará* en casa. Er wird *jetzt* wohl nicht zuhause sein.

Genitiv – 2. Fall, Wesfall
siehe Deklination

Gerundio

Eine Form des spanischen Verbs, für die es im Deutschen nichts Gleichwertiges und daher auch keine deutsche Bezeichnung gibt. Die häufigste Konstruktion mit dieser Form, *estar + Gerundio*, kann man so wiedergeben:
Estoy escribiendo una carta. Ich schreibe gerade einen Brief, ich bin dabei, ihn zu schreiben (vgl. englisch I'm writing).

Haupt- und Nebensatz

Ein Hauptsatz kann für sich allein stehen, er enthält dazu ausreichende Information:
Enrique viene mañana. Enrique kommt morgen.
Isabel está cansada del trabajo y no quiere ir al cine con nosotros. Isabel ist müde von der Arbeit und will nicht mit uns ins Kino gehen. (Zwei mit *y* verbundene Hauptsätze).
Ein Nebensatz bezieht sich immer auf einen Hauptsatz, auch wenn gelegentlich dieser Hauptsatz nicht ausgesprochen wird:
Isabel no va al cine *porque está cansada.* Isabel geht nicht ins Kino, weil sie müde ist.
¿Por qué no va al cine? *Porque está cansada.* Weil sie müde ist.
Si la invitas tú nos acompaña. Wenn du sie einlädst, geht sie mit uns.
Cuando ha trabajado mucho se queda en casa. Wenn sie viel gearbeitet hat, bleibt sie zuhause.
Si tuviese tiempo iría con vosotros. Wenn ich Zeit hätte, ginge ich mit euch.

Hilfsverb – Hilfszeitwort

Hilfsverben sind Verben, die zur Bildung einzelner Konjugationsformen anderer Verben verwendet werden: *haber, ser, estar.*
haber: *he viajado* ich bin gereist, *he comprado* ich habe gekauft
ser: *ha sido criticado* er ist kritisiert worden
estar: *está trabajando* er arbeitet gerade
Vgl. Modalverb

Imperativ – Befehlsform

Wir verwenden die lateinische Bezeichnung Imperativ einmal wegen der größeren Einheitlichkeit der Bezeichnungen im Bereich der Konjugation des Verbs, zum andern deshalb, weil die allermeisten Imperative nichts mit militärischen Befehlen zu tun haben, sondern als Bitten, Aufforderungen, gute Ratschläge zu verstehen sind.
Im Spanischen müssen wir unterscheiden zwischen positivem und negativem Imperativ: *dame un beso* gib mir einen Kuß, *no le des el dinero* gib ihm das Geld nicht.

Das indefinite Pronomen – das unbestimmte Fürwort

eine Bezeichnung, deren Bedeutung so unbestimmt ist wie sie selbst. Wir gebrauchen die Bezeichnung nur als Kapitelüberschrift, weil es keine bessere gibt. Am besten denken Sie nicht darüber nach, was das Wort heißt oder heißen könnte. Wichtig sind nur die Wörter – wie *cada, todo, alguno, ninguno* usw. –, die in der Grammatik als „indefinite Pronomen" bezeichnet werden.

Infinitiv – Grundform des Verbs

z.B. *tomar* nehmen, *ir* gehen, *creer* glauben. Neben dieser Grundform gibt es den sogenannten „Infinitiv Perfekt", die Grundform für alle zusammengesetzten Formen: *haber tomado* genommen haben (he tomado, había tomado usw.).

Indikativ – Wirklichkeitsform

Ein Teil der Konjugationsformen des Verbs dient dazu, Handlungen, Vorgänge oder Zustände als Tatsache hinzustellen. Alle diese Formen nennen wir Indikativformen. Es gibt Indikativformen für die Gegenwart, die Vergangenheit und die Zukunft. Vgl. Subjuntivo und Potencial.

Komparativ – 1. Steigerungsstufe

Adjektive und Adverbien können gesteigert werden: schön, schöner, der schönste, am schönsten. Die erste Steigerungsstufe – schöner – heißt „Komparativ", das bedeutet etwa: Vergleichsform.

Carmen *es más guapa que* Lola. Carmen ist hübscher als Lola. (Adjektiv)

Carmen *canta mejor que* Lola. Carmen singt besser als Lola. (Adverb)

Konjugation – Formensystem des Verbs

siehe Verb

Die Konjunktion – das Bindewort

ein Wort, das Sätze oder Satzteile miteinander verbindet. Wichtige Wörter dieser Art: *y* und, *o* oder, *pero* aber, *cuando* wenn, *si* wenn/falls, *porque* weil, *aunque* obwohl/auch wenn usw.

Sie können die Bezeichnung „Konjunktion" vergessen, da wir sie nur als Überschrift des betreffenden Kapitels und eines Teilkapitels beim Subjuntivo benützen.

Konsonant – Mitlaut

Als Konsonant bezeichnen wir alle Laute (und die dafür stehenden Buchstaben) außer a, e, i, o, u. Vgl. Vokal.

Modalverb/modales Hilfsverb

Der Ausdruck „Modalverb" ist ein Sammelbegriff für eine Reihe von Verben, nach denen der Infinitiv eines anderen Verbs steht:

tener que comprar kaufen müssen, *poder comprar* kaufen können, *querer comprar* kaufen wollen, *deber comprar* kaufen sollen.

Im Spanischen sind auch einige andere Konstruktionen dazu zu rechnen:

voy a comprar ich werde kaufen, *acabo de comprar* ich habe gerade gekauft.

Negation – Verneinung

Neutrum – sächliches Wort
siehe Artikel.
Neben den mit dem sächlichen Artikel *lo* substantivierten Wörtern gibt es nur wenige Wörter im Spanischen, die Neutrum sind: *esto* das da, *aquello* das dort, *todo* alles, *algo* etwas usw.

Nominativ – 1. Fall, Werfall
siehe Deklination

Partizip – Mittelwort der Vergangenheit
Das Partizip ist die Form des Verbs, die zur Bildung der zusammengesetzten Zeiten gebraucht wird: *comprar* kaufen – *comprado* gekauft – *lo he comprado* ich habe es gekauft. (Das ist allerdings nicht die einzige Verwendung dieser Form.)

Passiv – Leideform
Viele Handlungen kann man aus zwei Richtungen sehen: von der Seite, die etwas tut, und von der Seite mit der durch diese Handlung etwas geschieht. Die beiden Betrachtungs- bzw. Beschreibungsweisen heißen „aktiv“ und „passiv“.
Aktiv: *Muchos han criticado la publicidad en TVE.* Viele haben die Werbung im spanischen Fernsehen kritisiert.
Passiv: *La publicidad en TVE ha sido criticada muchas veces.* Die Werbung im spanischen Fernsehen ist oft kritisiert worden.

Das Personalpronomen – das persönliche Fürwort
ein Wort, das anstelle eines Substantivs stehen kann, so daß dieses nicht noch einmal genannt werden muß:

La mesa me gusta. *La* compro.	Der Tisch gefällt mir. Ich kaufe ihn.
El señor García es simpático.	Herr García ist sehr nett.
Hoy he hablado con *él*.	Heute habe ich mit ihm gesprochen.
Le conozco desde el año pasado.	Ich kenne ihn seit letztem Jahr.

Plural – Mehrzahl
siehe Substantiv
Auch in der Konjugation der Verben sprechen wir von Singular und Plural (Einzahl und Mehrzahl). Für jede Zeitform des Verbs gibt es 3 Formen Singular und 3 Formen Plural:

	Singular		*Plural*	
1. Person	*tomo*	ich nehme	*tomamos*	wir nehmen
2. Person	*tomas*	du nimmst	*tomáis*	ihr nehmt
3. Person	*toma*	er/sie nimmt	*toman*	sie nehmen

Plusquamperfekt – Vorvergangenheit
siehe Pretérito

Das Possessivpronomen – das besitzanzeigende Fürwort
ein Wort, das angibt, wem etwas gehört, zu wem oder zu welcher Sache etwas gehört oder von wem etwas ist:
Parece que ha venido *Alberto*. Allí está *su coche*.
Anscheinend ist Albert gekommen. Dort steht sein Auto.
Muchas gracias por *su carta*. Vielen Dank für Ihren Brief.
Su trabajo es interesante. Ihre Arbeit ist interessant.
– ¿El coche es *tuyo*? – Sí, es *mío*. Gehört der Wagen dir? Ja, er gehört mir.

Potencial
Neben den Konjugationsformen des Verbs, die etwas als Tatsache behaupten (Indikativ) und denen, die eine Handlung als etwas Gewünschtes, vielleicht Mögliches oder auch Unmögliches oder Unwahres hinstellen (Subjuntivo), gibt es die Konjugationsform des Potencial. Sie drückt aus, daß mit Sicherheit eine Handlung oder ein Vorgang eintreten würde, wenn eine bestimmte Bedingung erfüllt wäre oder wenn andere Voraussetzungen als die tatsächlichen gegeben wären:
compraría el coche ich würde das Auto kaufen (wenn ich das Geld hätte/wenn ich Sie wäre/wenn es eine andere Farbe hätte).

Die Präposition – das Verhältniswort
Die deutsche Bezeichnung „Verhältniswort" besagt, daß angegeben wird, in welcher Beziehung oder in welchem Verhältnis zwei Dinge oder Personen zueinander stehen. Dabei denkt man vor allem an örtlich-räumliche oder zeitliche Beziehungen:
El coche está *delante del* restaurante. Der Wagen steht vor dem Restaurant.
El cine termina *después de* la una. Das Kino ist nach ein Uhr zu Ende.
Die lateinische Bezeichnung „Präposition" – vorangestelltes Wort, nämlich dem Substantiv oder Pronomen oder Infinitiv vorangestelltes Wort – sagt nichts über den Inhalt dieser vorangestellten Wörter; sie ist deshalb sinnvoller, weil die Präpositionen wirklich sehr verschiedene Bedeutungen haben, die oft mit einem „Verhältnis" von Dingen zueinander gar nichts zu tun haben.
Voy *en cinco minutos*. Ich gehe in fünf Minuten hin.
Pienso *en ti*. Ich denke an dich.
¿*En qué* consiste el problema? Worin besteht das Problem?
Tardó cinco minutos *en escribir* la carta. Er brauchte 5 Minuten zum Schreiben.

Presente – Gegenwart
Wir benützen die beiden Bezeichnungen, die eigentlich das gleiche bedeuten, folgendermaßen: als „Gegenwart" bezeichnen wir alles, was sich tatsächlich in der Gegenwart, also *jetzt* ereignet, mit „presente" bezeichnen wir bestimmte Verbformen, die für die

Grammatik eine Gegenwart bedeuten, teilweise aber mit der Gegenwart gar nichts zu tun haben. (Letzteres gilt vor allem für *presente de subjuntivo*).

Pretérito – Vergangenheit

Wir benützen die beiden Bezeichnungen, die eigentlich das gleiche bedeuten, folgendermaßen: als „Vergangenheit" bezeichnen wir alles, was sich tatsächlich in der Vergangenheit abgespielt hat, mit «pretérito» bezeichnen wir verschiedene Verbformen, die für die Grammatik zu den Formen der Vergangenheit zählen, teilweise aber mit einer Vergangenheit gar nichts zu tun haben.
Pretérito perfecto: *lo he comprado* ich habe es gekauft
Pretérito indefinido: *lo compré ayer* ich kaufte es gestern
Pretérito imperfecto: *lo compraba allí* ich kaufte es regelmäßig dort
Pretérito pluscuamperfecto: *lo había comprado antes* ich hatte es vorher gekauft.
Das folgende «pretérito» hat mit Vergangenheit nichts zu tun:
Pretérito imperfecto de subjuntivo: *si lo comprara hoy* wenn er es heute kaufen würde.

Pronomen – Fürwort

siehe Demonstrativpronomen, indefinites Pronomen, Personalpronomen, Possessivpronomen, Reflexivpronomen, Relativpronomen

Das Reflexivpronomen – das rückbezügliche Fürwort

eine besondere Form des Personalpronomens.

a. Es gibt an, daß eine Handlung sich auf die handelnde Person selbst bezieht:
   Pepe *se* lava. Pepe wäscht sich. *Me* lavo. Ich wasche mich.
   Se lava las manos. Er wäscht sich die Hände.
   Me lavo las manos. Ich wasche mir die Hände.
   Siempre piensa en *sí*. Er denkt immer an sich.
   Pienso en *mí*. Ich denke an mich.
b. Es steht in Verbindung mit Verben, die wir „reflexive Verben" nennen. Einem reflexiven spanischen Verb entspricht nicht immer ein deutsches reflexives Verb und umgekehrt.
   Me caso mañana. Ich heirate morgen.
   Me marcho. Ich gehe weg.
   Pepe ha cambiado. Pepe hat *sich* verändert.

Die Rektion

Nach bestimmten Verben, Adjektiven und Substantiven steht eine bestimmte Konstruktion mit oder ohne Präposition. Diese Konstruktion – man muß sie wissen bzw. für jeden einzelnen Fall lernen, da es dafür keine allgemeinen Regeln gibt – nennt man „Rektion". Beispiele:
¿Has *pensado en* comprar vino? Hast du daran gedacht, Wein zu kaufen?
¿Has *pensado en* él? Hast du an ihn gedacht?

¿Te has *decidido a* comprar el reloj? Hast du dich dazu entschlossen, die Uhr zu kaufen?
¿*Le has pedido* más dinero *a tu jefe*? Hast du von deinem Chef mehr Geld verlangt?

Relativpronomen – bezügliches Fürwort
Ein Wort, das am Anfang eines Nebensatzes steht und eine Beziehung zwischen diesem Nebensatz – Relativsatz – und einem vorangehenden Wort des Hauptsatzes herstellt: der Nebensatz bezieht sich damit auf dieses Wort im Hauptsatz.
¿Conoce Vd. al señor *que* está allí? Kennen Sie den Herrn, der dort steht?
Es gibt auch ein Relativpronomen, das eine Beziehung zum Inhalt des ganzen Hauptsatzes herstellt:
Miguel quiere dejar su puesto, *lo que* yo no entiendo. Miguel will seine Stelle aufgeben, was ich nicht begreifen kann.

Subjuntivo
Ein Teil der Konjugationsformen des spanischen Verbs stellt Handlungen, Vorgänge oder Zustände *nicht* als Tatsache dar (vgl. Indikativ), sondern nur als etwas Gewünschtes, vielleicht Mögliches oder auch Unmögliches oder Unwahres. Da es im Deutschen nur einen Teil dieser Formen gibt – *si tuviese tiempo* wenn ich Zeit hätte –, viele andere aber nicht – *quiero que venga* ich will daß er kommt –, hat es keinen Sinn, ein anderes Etikett für diese Formen zu suchen als das spanische: Subjuntivo.
Diese Grammatik beschreibt die verschiedenen Verwendungen folgender Subjuntivo-Formen:
Presente de subjuntivo: *quiero que venga* ich will, daß er kommt
Pretérito imperfecto de subjuntivo: *si lo comprara/comprase* wenn er es kaufen würde
Pretérito perfecto de subjuntivo: *espero que haya comprado el coche* ich hoffe, daß er das Auto gekauft hat
Pretérito pluscuamperfecto de subjuntivo: *si lo hubiera/hubiese comprado* wenn er es gekauft hätte

Das Substantiv – das Hauptwort
ein Wort, das Personen oder Sachen benennt.
a. *el amigo* der Freund, *el padre* der Vater, *la novia* die Freundin (Person)
b. *la mesa* der Tisch, *la bolsa* die Tasche, *el libro* das Buch (Sache)
c. *la libertad* die Freiheit, *la alegría* die Freude (nicht sichtbare oder greifbare Sachen: wir sprechen von *Begriffen*)
Das Substantiv kann im Singular (Einzahl) oder im Plural (Mehrzahl) stehen:
el amigo der Freund, *los amigos* die Freunde,
un amigo ein Freund, *unos amigos* Freunde.
→ Artikel, → Dativ, → Genitiv, → Akkusativ

Superlativ – 2. Steigerungsstufe

Adjektive und Adverbien können gesteigert werden: schön, schöner, der schönste/ am schönsten. Die zweite Steigerungsstufe – der schönste/am schönsten heißt Superlativ.

Carmen es *la más guapa* de todas. Carmen ist die schönste von allen.

Vamos allí *lo más rápidamente posible.* Wir fahren schnellstmöglich hin.

Das Verb – das Tätigkeitswort/Zeitwort

Die lateinische Bezeichnung „Verb" bedeutet einfach: das Wort, und tatsächlich ist das Verb *das* Wort, die wichtigste Wortart überhaupt, denn es gibt viele Sätze ohne Substantiv („Hauptwort"), aber keinen Satz ohne Verb.

Viele Verben drücken eine Handlung oder Tätigkeit aus – daher die deutsche Bezeichnung „Tätigkeitswort": *ir* gehen, *trabajar* arbeiten, *viajar* reisen.

Andere drücken Vorgänge oder Zustände aus – weshalb das Etikett „Verb" sinnvoller ist als das Etikett „Tätigkeitswort": *nevar* schneien, *dormir* schlafen, *estar* da sein, *ser* sein.

Das Verb hat viele Formen; das System all dieser Formen heißt „Konjugation". Die einzelnen Formen machen deutlich,

a. wer etwas tut: *tomo*, ich nehme, *tomamos* wir nehmen

b. wann er es tut: *tomé* ich nahm, *tomaré* ich werde nehmen, *tomo* ich nehme

c. ob er es tatsächlich oder nur vielleicht tut oder unter bestimmten Voraussetzungen tun würde: *compra* er kauft, *quiero que lo compre* ich will, daß er es kauft (weiß aber nicht, ob er es tatsächlich tun wird), *si lo comprara* wenn er es kaufen würde.

Vokal – Selbstlaut

Als Vokal bezeichnen wir die fünf Laute a, e, i, o, u und die für diese Laute stehenden Buchstaben. Vgl. Konsonant.

Zahlwörter

Es gibt zweierlei Zahlwörter: die Grundzahlen und die Ordnungszahlen. Mit den Grundzahlen wird eine Menge angegeben:

cien años hundert Jahre, *treinta pesetas* dreißig Peseten.

Mit den Ordnungszahlen wird eine Reihenfolge angegeben:

el primer día der erste Tag, *la segunda semana*, die zweite Woche.

Das Verb

Es gibt verschiedene Möglichkeiten, eine Übersicht über die Formen des Verbs zusammenzustellen. Die folgende Reihenfolge ist vielleicht nicht die, die Sie erwartet haben oder aus anderen Sprachen gewöhnt sind. Deshalb soll sie kurz erläutert und begründet werden.

1. Zunächst werden alle Formen zusammengestellt, die *sinngemäß* mit der Gegenwart und Zukunft zu tun haben. (Dazu gehört auch das Pretérito perfecto, das Futuro perfecto und das Pretérito imperfecto de subjuntivo.)

2. Im zweiten Teil stehen alle Formen, die sinngemäß mit der Vergangenheit zu tun haben.

3. Die gesamte Reihenfolge ist so angelegt, daß jeweils möglichst nahe

a. solche Formen beieinander stehen, die *formal* zueinander gehören:
- Presente de indicativo, Presente de subjuntivo, Imperativo
- Participio, Pretérito perfecto
- Futuro imperfecto, Potencial simple
- Pretérito indefinido, Pretérito imperfecto de subjuntivo (wegen ihrer sinngemäßen Zugehörigkeit zum Bereich der Gegenwart bzw. Vergangenheit stehen sie in umgekehrter Reihenfolge)

b. solche Formen beieinander stehen, die *gedanklich* zusammengehören und daher oft im gleichen Satz nebeneinander stehen:
- Potencial simple, Pretérito imperfecto de subjuntivo
- Potencial compuesto, Pretérito pluscuamperfecto de subjuntivo.

Übersichtsmodell

Bereich der Gegenwart/Futur

Presente de indicativo → Presente de subjuntivo
Gerundio, Participio → Imperativo
Pretérito perfecto — Pretérito perfecto de subjuntivo
Futuro perfecto
Futuro imperfecto ↔ Potencial simple
Pretérito imperfecto de subjuntivo

Bereich Vergangenheit

Pretérito indefinido — Pretérito imperfecto
Pretérito pluscuamperfecto — Pret. pluscuamperfecto de subjuntivo
Potencial compuesto

Die Konjugation der regelmäßigen Verben

Verben auf -ar

1

(wie *tomar* nehmen, *comprar* kaufen, *viajar* reisen, *hablar* sprechen, *mandar* schicken, *gustar* gefallen, *invitar* einladen, *trabajar* arbeiten)

Presente de indicativo

tomo un aperitivo
ich nehme einen Aperitif

tomo	ich nehme
tomas	du nimmst
toma	er nimmt
tomamos	wir nehmen
tomáis	ihr nehmt
toman	sie nehmen
usted toma	Sie nehmen
ustedes toman	Sie nehmen

Presente de subjuntivo

quiere que hable con él
er will, daß ich mit ihm spreche

que hable	daß ich spreche
que hables	daß du sprichst
que hable	daß er/sie spricht
que hablemos	daß wir sprechen
que habléis	daß ihr sprecht
que hablen	daß sie sprechen
que Vd. hable	daß Sie sprechen
que Vds. hablen	daß Sie sprechen

Gerundio

estamos tomando café
wir trinken gerade Kaffee

Participio

estoy invitado/estoy invitada
ich bin eingeladen

Imperativo

¡toma café!	trink Kaffee!
¡tome Vd. café!	trinken Sie!
¡vamos a tomar/ tomemos café!	trinken wir!
¡tomar/tomad café!	trinkt!
¡tomen Vds. café!	trinken Sie!
¡no hables con él!	sprich nicht!
¡no hable Vd. con él!	
¡no hablemos con él!	
¡no habléis con él!	
¡no hablen Vds. con él!	

Pretérito perfecto de indicativo

he mandado un telegrama
ich habe ein T. geschickt

he mandado
has mandado
ha mandado

Pretérito perfecto de subjuntivo

espera que haya mandado un telegrama
er hofft, daß ich ein T. geschickt habe

haya mandado
hayas mandado
haya mandado

hemos mandado
habéis mandado
han mandado

hayamos mandado
hayáis mandado
hayan mandado

Futuro perfecto

habré hablado con el conserje
ich werde (wohl) mit dem Portier gesprochen haben

habré hablado
habrás hablado
habrá hablado
habremos hablado
habréis hablado
habrán hablado

Futuro imperfecto

el coche me gusta, lo compraré
das Auto gefällt mir, ich werde es kaufen

compraré
comprarás
comprará
compraremos
compraréis
comprarán

Potencial simple

el coche no me gusta, no lo compraría
das Auto gefällt mir nicht, ich würde es nicht kaufen

compraría
comprarías
compraría
compraríamos
compraríais
comprarían

Pretérito imperfecto de subjuntivo

si hablara con él ...
wenn ich mit ihm sprechen würde / spräche

hablara
hablaras
hablara
habláramos
hablarais
hablaran

si hablase con él ...

hablase
hablases
hablase
hablásemos
hablaseis
hablasen

Pretérito indefinido

ayer mandé un telegrama
gestern schickte ich ein T.

mandé
mandaste
mandó
mandamos
mandasteis
mandaron

Pretérito imperfecto

siempre viajaba con una bolsa
ich reiste immer mit einer Tasche

viajaba
viajabas
viajaba
viajábamos
viajabais
viajaban

Pretérito pluscuamperfecto

le había invitado muchas veces
ich hatte ihn eingeladen

había invitado
habías invitado
había invitado
habíamos invitado
habíais invitado
habían invitado

Pret. pluscuamperfecto de subjuntivo

si le hubiera/hubiese invitado
wenn ich ihn eingeladen hätte

hubiera/hubiese invitado
hubieras/hubieses invitado
hubiera/hubiese invitado
hubiéramos/hubiésemos invitado
hubierais/hubieseis invitado
hubieran/hubiesen invitado

Potencial compuesto

le habría invitado si ...
ich hätte ihn eingeladen, wenn...

habría invitado
habrías invitado
habría invitado
habríamos invitado
habríais invitado
habrían invitado

le hubiera invitado si ...

hubiera invitado
hubieras invitado
hubiera invitado
hubiéramos invitado
hubierais invitado
hubieran invitado

Verben auf -er 2

(wie *coger* nehmen, *comer* essen, *correr* laufen/schnell fahren, *leer* lesen, *meter* hineinstecken, *prometer* versprechen, *sorprender* überraschen, *vender* verkaufen)

Presente de indicativo

leo el telegrama
ich lese das Telegramm

Presente de subjuntivo

quiere que lea el telegrama
er will, daß ich das T. lese

leo
lees
lee
leemos
leéis
leen

lea
leas
lea
leamos
leáis
lean

Gerundio

estoy comiendo
ich esse gerade

Participio

estoy sorprendido/sorprendida
ich bin überrascht

Imperativo

¡come!	iß!
¡coma Vd.!	essen Sie!
¡vamos a comer/ comamos!	essen wir!
¡comer/comed!	eßt!
¡coman Vds.!	essen Sie!

¡no comas tanto! iß nicht soviel!
¡no coma Vd. tanto!
¡no comamos tanto!
¡no comáis tanto!
¡no coman Vds. tanto!

Pretérito perfecto de indicativo

he comido demasiado
ich habe zuviel gegessen

he comido
has comido
ha comido
hemos comido
habéis comido
han comido

Pretérito perfecto de subjuntivo

espera que no haya comido demasiado
er hofft, daß ich nicht zuviel gegessen habe

haya comido
hayas comido
haya comido
hayamos comido
hayáis comido
hayan comido

Futuro perfecto

¡La policía! Habré corrido demasiado.
Die Polizei! Ich werde zu schnell gefahren sein.

habré corrido
habrás corrido
habrá corrido
habremos corrido

habréis corrido
habrán corrido

Futuro imperfecto

el libro me interesa, lo leeré
das Buch interessiert mich,
ich werde es lesen

leeré
leerás
leerá
leeremos
leeréis
leerán

Potencial simple

el libro es aburrido, no lo leería
das Buch ist langweilig,
ich würde es nicht lesen

leería
leerías
leería
leeríamos
leeríais
leerían

Pretérito imperfecto de subjuntivo

si vendiera el coche
wenn ich das Auto verkaufen würde/verkaufte

vendiera
vendieras
vendiera
vendiéramos
vendierais
vendieran

si vendiese el coche

vendiese
vendieses
vendiese
vendiésemos
vendieseis
vendiesen

Pretérito indefinido

ayer cogí un taxi
gestern nahm ich ein Taxi

cogí
cogiste
cogió
cogimos
cogisteis
cogieron

Pretérito imperfecto

siempre metía la mano en el bolsillo
er steckte immer die Hand in die Tasche

metía
metías
metía
metíamos
metíais
metían

Pretérito pluscuamperfecto

lo había prometido
ich hatte es versprochen

Pret. pluscuamperfecto de subjuntivo

si no lo hubiera/hubiese prometido
wenn ich es nicht versprochen hätte

había prometido
habías prometido
había prometido
habíamos prometido
habíais prometido
habían prometido

hubiera/hubiese prometido
hubieras/hubieses prometido
hubiera/hubiese prometido
hubiéramos/hubiésemos prometido
hubierais/hubieseis prometido
hubieran/hubiesen prometido

Potencial compuesto

habría vendido el coche si...
ich hätte das Auto verkauft, wenn...

habría vendido
habrías vendido
habría vendido
habríamos vendido
habríais vendido
habrían vendido

hubiera vendido el coche si...

hubiera vendido
hubieras vendido
hubiera vendido
hubiéramos vendido
hubiérais vendido
hubieran vendido

3 Verben auf -ir

(wie *discutir* diskutieren, *permitir* erlauben, *prohibir* verbieten, *recibir* bekommen, *subir* steigen/hinaufziehen, *vivir* wohnen/leben)

Presente de indicativo

vivo en el mismo edificio
ich wohne im gleichen Haus

vivo
vives
vive
vivimos
vivís
viven

Gerundio

los precios están subiendo
die Preise steigen zur Zeit

lo estamos discutiendo
wir diskutieren es gerade

Presente de subjuntivo

quiere que suba las persianas
er will, daß ich die Jalousien hinaufziehe

suba
subas
suba
subamos
subáis
suban

Imperativo

¡sube al autocar! steig ein!
¡suba Vd.! steigen Sie ein!
¡vamos a subir/subamos! steigen wir ein!
¡subir/subid! steigt ein!
¡suban Vds.! steigen Sie ein!

Participio

la entrada está prohibida
der Eintritt ist verboten

¡no lo prohibas! verbiete es nicht!
¡no lo prohiba Vd.!
¡no lo prohibamos!
¡no lo prohibáis!
¡no lo prohiban Vds.!

Pretérito perfecto de indicativo

he recibido la carta
ich habe den Brief bekommen

he recibido
has recibido
ha recibido
hemos recibido
habéis recibido
han recibido

Pretérito perfecto de subjuntivo

espera que haya recibido la carta
er hofft, daß ich den Brief bekommen habe

haya recibido
hayas recibido
haya recibido
hayamos recibido
hayáis recibido
hayan recibido

Futuro perfecto

no me acuerdo, pero lo habré permitido
ich erinnere mich nicht, aber ich werde es wohl erlaubt haben

habré permitido
habrás permitido
habrá permitido
habremos permitido
habréis permitido
habrán permitido

Futuro imperfecto

la idea me gusta, lo permitiré
die Idee gefällt mir, ich werde das erlauben

permitiré
permitirás
permitirá
permitiremos
permitiréis
permitirán

Potencial simple

¿por qué prohibirlo? lo permitiría
warum das verbieten? ich würde es erlauben

permitiría
permitirías
permitiría
permitiríamos
permitiríais
permitirían

Pretérito imperfecto de subjuntivo

si lo discutiera con mis amigos...
wenn ich das mit meinen Freunden diskutieren würde...

discutiera
discutieras
discutiera
discutiéramos
discutierais
discutieran

si lo discutiese con mis amigos...

discutiese
discutieses
discutiese
discutiésemos
discutieseis
discutiesen

Pretérito indefinido

ayer recibí una carta
gestern bekam ich einen Brief

recibí
recibiste
recibió
recibimos
recibisteis
recibieron

Pretérito imperfecto

siempre recibía cartas de América
ich bekam immer Post aus Amerika

recibía
recibías
recibía
recibíamos
recibíais
recibían

Pretérito pluscuamperfecto

había vivido en América
ich hatte in Amerika gelebt

había vivido
habías vivido
había vivido
habíamos vivido
habíais vivido
habían vivido

Pret. pluscuamperfecto de subjuntivo

si hubiera/hubiese vivido allí
wenn ich dort gelebt hätte

hubiera/hubiese vivido
hubieras/hubieses vivido
hubiera/hubiese vivido
hubiéramos/hubiésemos vivido
hubierais/hubieseis vivido
hubieran/hubiesen vivido

Potencial compuesto

habría subido la montaña si...
ich wäre auf den Berg gestiegen, wenn...

habría subido
habrías subido
habría subido
habríamos subido
habríais subido
habrían subido

hubiera subido la montaña si...

hubiera subido
hubieras subido
hubiera subido
hubiéramos subido
hubierais subido
hubieran subido

Reflexive Verben auf -arse, -erse, -irse

(wie *lavarse* sich waschen, *marcharse* weggehen, *esconderse* sich verstecken, *atreverse* sich getrauen, *aburrirse* sich langweilen, *dirigirse a* sich wenden an, *decidirse* sich entscheiden/entschließen)

Presente de indicativo

Se lava las manos. Er wäscht sich die Hände.
No me atrevo a decirlo. Ich getraue mich nicht, es zu sagen.
Nos aburrimos muchísimo. Wir langweilen uns furchtbar.

me lavo	me atrevo	me aburro
te lavas	te atreves	te aburres
se lava	se atreve	se aburre
nos lavamos	nos atrevemos	nos aburrimos
os laváis	os atrevéis	os aburrís
se lavan	se atreven	se aburren

Presente de subjuntivo

Pepe quiere que me marche. Pepe will, daß ich weggehe.
¿Por qué quieres que me esconda? Warum willst du, daß ich mich verstecke?
Conviene que me dirija al consulado. Es ist zweckmäßig, daß ich mich ans Konsulat wende.

me marche	me esconda	me dirija
te marches	te escondas	te dirijas
se marche	se esconda	se dirija
nos marchemos	nos escondamos	nos dirijamos
os marchéis	os escondáis	os dirijáis
se marchen	se escondan	se dirijan

Infinitivo

Quiere lavarse. Er will sich waschen.
Debe haberse lavado. Er muß sich wohl gewaschen haben.
No quiere esconderse. Er will sich nicht verstecken.
Está orgulloso de no haberse escondido. Er ist stolz darauf, sich nicht versteckt zu haben.
Debe decidirse pronto. Er muß sich bald entscheiden/entschließen.
Parece haberse decidido. Er scheint sich entschlossen zu haben.

Gerundio

Pepe sigue preguntándose cómo ha sido posible. Pepe fragt sich noch immer, wie das möglich gewesen ist.

Se está lavando. Er wäscht sich gerade.
Se está escondiendo. Er versteckt sich gerade.
Se están reuniendo. Sie versammeln sich gerade.

Imperativo → **107**

¡Lávate las manos! Wasch dir die Hände!
¡Atrévete a decirlo! Getrau dich, es zu sagen!
¡Dirígete a un policía! Wende dich an einen Polizisten!

¡lávate!	¡atrévete!	¡dirígete a él!
¡lávese Vd.!	¡atrévase Vd.!	¡diríjase Vd. a él!
¡vamos a lavarnos!	¡vamos a atrevernos!	¡vamos a dirigirnos a él!
¡lavaros!	¡atreveros!	¡dirigiros a él!
¡lávense!	¡atrévanse!	¡diríjanse a él!

¡No te marches! Geh nicht weg!
¡No te atrevas a decirlo! Wage nicht, es zu sagen!
¡No te aburras en casa, ven con nosotros! Langweile dich nicht zuhause, komm mit uns!

¡no te marches!	¡no te atrevas!	¡no te aburras!
¡no se marche Vd.!	¡no se atreva Vd.!	¡no se aburra Vd.!
¡no nos marchemos!	¡no nos atrevamos!	¡no nos aburramos!
¡no os marchéis!	¡no os atreváis!	¡no os aburráis!
¡no se marchen Vds.!	¡no se atrevan Vds.!	¡no se aburran Vds.!

Übungen: I.14.1; I.14.2; I.14.3

Die Konjugation der „Gruppenverben"

Es gibt im Spanischen einigen Gruppen von Verben, deren Konjugation stellenweise von der der regelmäßigen Verben abweicht. Wir bringen im folgenden jeweils nur die Zeiten oder Formen der Verben, bei denen solche Abweichungen bestehen. Alle anderen Formen sind regelmäßig.

5 Gruppe cambiar und Gruppe enviar

Presente de indicativo

cambio el aceite	*le envío un paquete*
ich wechsle das Öl	ich schicke ihm ein Paket

cambio
cambias
cambia
cambiamos
cambiáis
cambian

envío
envías
envía
enviamos
enviáis
envían

Presente de subjuntivo

quiere que cambie pesetas
er will, daß ich Peseten wechsle

cambie
cambies
cambie
cambiemos
cambiéis
cambien

quiere que le envíe un paquete
er will, daß ich ihm ein P. schicke

envíe
envíes
envíe
enviemos
enviéis
envíen

Imperativo

¡cambia dinero!
wechsle Geld!

¡cambia!
¡cambie Vd.!
¡cambiemos/vamos a cambiar!
¡cambiar/cambiad!
¡cambien Vds.!

¡envía un telegrama!
schicke ein Telegramm!

¡envía!
¡envíe Vd.!
¡enviemos/vamos a enviar!
¡enviar/enviad!
¡envíen Vds.!

¡no cambies tanto dinero!
wechsle nicht soviel Geld!

¡no cambies!
¡no cambie Vd.!
¡no cambiemos!
¡no cambiéis!
¡no cambien Vds.!

¡no envíes el telegrama!
schicke das Telegramm nicht!

¡no envíes!
¡no envíe Vd.!
¡no enviemos!
¡no enviéis!
¡no envíen Vds.!

Die *Verben auf -iar* bilden zwei Gruppen, die nach den hier angegebenen Modellen – *cambio* und *envío* – konjugiert werden.

Die wichtigsten Verben der Gruppe **cambiar**:
cambiar wechseln; ändern; sich ändern

estudiar lernen, studieren
limpiar reinigen, putzen
pronunciar aussprechen
renunciar a una cosa/renunciar a hacer una cosa auf etwas verzichten

Die wichtigsten Verben der Gruppe **enviar**:
enviar schicken
variar sich ändern (el tiempo varía); schwanken (los precios varían)

Übungen: III.15.2

6 Gruppe continuar

Presente de indicativo

Andrés continúa trabajando
Andrés arbeitet weiter

continúo
continúas
continúa
continuamos
continuáis
continúan

Presente de subjuntivo

¿quiere Vd. que continúe?
wollen Sie, daß ich weitermache?

continúe
continúes
continúe
continuemos
continuéis
continúen

Imperativo

¡continúa leyendo!
lies weiter!

¡continúa!
¡continúe Vd.!
¡continuemos/vamos a continuar!
¡continuar/continuad!
¡continúen Vds.!

¡no continúes trabajando tanto!
arbeite nicht weiter soviel!

¡no continúes!
¡no continúe Vd.!
¡no continuemos!
¡no continuéis!
¡no continúen Vds.!

Eine kleine Gruppe von Verben auf *-uar* wird nach dem hier angegebenen Modell konjugiert. Vgl. 5 *enviar*.

Das für uns einzig wichtige Beispiel der Gruppe:
continuar andauern (el buen tiempo continúa); fortsetzen (el autobús continúa el viaje); etwas weiterhin tun (Andrés continúa trabajando). → 144

Übungen: II.1.5; III.15.2

Gruppe pensar/entender

Presente de indicativo

pienso que le interesa
ich denke, das interessiert Sie

pienso
piensas
piensa
pensamos
pensáis
piensan

no te entiendo
ich verstehe dich nicht

entiendo
entiendes
entiende
entendemos
entendéis
entienden

Presente de subjuntivo

no creo que pienses así
ich glaube nicht, daß du so denkst

piense
pienses
piense
pensemos
penséis
piensen

¿cómo quiere que le entienda?
wie soll ich Sie verstehen? wie wollen Sie, daß ich Sie verstehe?

entienda
entiendas
entienda
entendamos
entendáis
entiendan

Imperativo

¡piensa en tu familia!
denk an deine Familie!

¡piensa!
¡piense Vd.!
¡pensemos/vamos a pensar!
¡pensar/pensad!
¡piensen Vds.!

¡enciende la luz!
zünde das Licht an!

¡enciende!
¡encienda Vd.!
¡encendamos/vamos a encender!
¡encender/encended!
¡enciendan Vds.!

Bei vielen Verben wird *e* zu *ie*, wenn die betreffende Silbe betont ist. (An den regelmäßigen Endungen der Verben auf *-ar* bzw. *-er* ändert sich dabei nichts.)

Die wichtigsten Verben der Gruppe **pensar**:
apretar drücken: *No aprietes* el tubo por el centro. Drück die Tube nicht in der Mitte.
atravesar überqueren: *Atraviese* Vd. la calle. Überqueren Sie die Straße.

cerrar schließen: *No cierres* la ventana. Mach das Fenster nicht zu.
comenzar anfangen: Espero que *comiencen* pronto. Ich hoffe, sie fangen bald an.
despertar wecken: *No me despierte Vd.* Wecken Sie mich nicht auf.
despertarse aufwachen: *¡Despiértate!* Wach auf!
empezar beginnen: ¿A qué hora *empieza?* Wann fängt es an?
negarse sich weigern: *Me niego* a aceptarlo. Ich weigere mich, das anzunehmen.
nevar schneien: *Nieva.* Es schneit.
pensar denken: ¿En qué *piensa*? Woran denken Sie? *Pienso* hacerlo. Ich habe vor, es zu tun.
recomendar empfehlen: Le *recomiendo* los calamares. Ich empfehle Ihnen die Tintenfische.
sentarse sich setzen: *Se sienta* a la mesa. Er setzt sich an den Tisch.
tropezar stolpern: *Tropiezan* con dificultades. Sie stoßen auf Schwierigkeiten.

Die wichtigsten Verben der Gruppe **entender**:
defender verteidigen: *Defiende* sus intereses. Er vertritt seine Interessen.
encender anzünden: *Se enciende* la luz. Das Licht geht an.
entender verstehen: *¿Entiende* lo que quiero decir? Verstehen Sie, was ich sagen will?
perder verlieren, verpassen: *No pierdas* el dinero. Verlier das Geld nicht. *No pierda* Vd. el tren. Verpassen Sie den Zug nicht.

Übungen: I.20.1; II.20.8

8 Gruppe contar/soler

Presente de indicativo

¿qué me cuentas?
was gibt's? was erzählst du mir?

cuento
cuentas
cuenta
contamos
contáis
cuentan

suelo oir la radio
ich pflege Radio zu hören

suelo
sueles
suele
solemos
soléis
suelen

Presente de subjuntivo

¿qué quieres que te cuente?
was soll ich dir erzählen?

cuente
cuentes
cuente

quiere que me mueva más
er will, daß ich mich mehr bewege

mueva
muevas
mueva

contemos | movamos
contéis | mováis
cuenten | muevan

Imperativo

¡cuéntame algo!
erzähl mir was!

¡cuenta!
¡cuente Vd.!
¡contemos/vamos a contar!
¡contar/contad!
¡cuenten Vds.!

¡muévete!
rühr dich, tu was!

¡muévete!
¡muévase Vd.!
¡vamos a movernos!
¡moveros!
¡muévanse Vds.!

Bei vielen Verben wird *o* zu *ue*, wenn die betreffende Silbe betont ist. (An den regelmäßigen Endungen der Verben auf *-ar* bzw. *-er* ändert sich dabei nichts.)
Zur Gruppe *contar* gehört auch *jugar:* hier wird *u* zu *ue*.

Die wichtigsten Verben der Gruppe **contar**:

acordarse sich erinnern: No *me acuerdo* de él. Ich erinnere mich nicht an ihn.
comprobar feststellen: *He comprobado* un hecho interesante. Ich habe eine interessante Tatsache festgestellt.
contar zählen, erzählen: *¿Qué me cuentas?* Was hast du mir zu erzählen? ¡*Cuenta* el dinero! Zähle das Geld!
costar kosten: *¿Cuánto cuesta?* Wieviel kostet das?
demostrar beweisen: Las cifras *demuestran* que la vida ha cambiado. Die Zahlen beweisen, daß sich das Leben verändert hat.
encontrar finden: Lo *encuentro* interesante. Ich finde es interessant.
encontrarse sich befinden, sich treffen: ¿Dónde *se encuentra* el coche? Wo ist der Wagen? ¿Dónde *te encuentras* con Carmen? Wo triffst du dich mit Carmen?
esforzarse sich bemühen: Debemos *esforzarnos* por ayudarle. Wir müssen uns bemühen, ihm zu helfen.
mostrar zeigen: Le *muestro* mi casa. Ich zeige Ihnen mein Haus.
probar versuchen: Carmen se *prueba* la falda. Carmen probiert den Rock an. *Pruebe* Vd. la sopa. Versuchen Sie die Suppe.
recordar erinnern: *Recuerdo* el tiempo cuando éramos niños. Ich erinnere mich an die Zeit ... *Recuérdemelo* mañana. Erinnern Sie mich morgen daran.
rogar bitten: Carreño le *ruega* que le llame. Er bittet Sie, ihn anzurufen.
sonar klingen, klingeln: *Suena* el despertador. Der Wecker klingelt.
soñar träumen: Los turistas *sueñan* con el sol. Sie träumen von der Sonne.
volar fliegen: Peralta *vuela* a Sevilla. Er fliegt nach Sevilla.

jugar spielen: *Juegan* a las cartas. Sie spielen Karten. Los consumidores *juegan* un papel importante. Die Verbraucher spielen eine wichtige Rolle.

Die wichtigsten Verben der Gruppe **soler**:
doler weh tun: Me *duele* la cabeza. Ich habe Kopfschmerzen.
llover regnen: *¿Llueve?* Regnet es? Está lloviendo. Es regnet.
moverse sich bewegen: Apenas se *mueve*. Er bewegt sich kaum.
oler riechen: ¡A qué *huele*? Wonach riecht es? No *huele* a gasolina. → 51 Es riecht nicht nach Benzin.
soler normalerweise tun: *Suelo* oír emisoras españolas. Ich höre regelmäßig spanische Sender.

Übungen: I.17.1–3; I.20.3; II.20.8

9 Gruppe volver

Presente de indicativo

vuelvo mañana
ich komme morgen zurück
→ 8 soler

Presente de subjuntivo

¿quiere Vd. que vuelva mañana?
soll ich morgen zurückkommen?
→ 8 soler

Participio

He vuelto esta mañana. Ich bin heute morgen zurückgekommen.
He envuelto los libros. Ich habe die Bücher eingewickelt.
¿No te he devuelto el dinero? Habe ich dir das Geld nicht zurückgegeben?
El problema no está resuelto. Das Problem ist nicht gelöst.

Wie bei der Gruppe *soler* → 8 wird bei den Verben dieser Gruppe *o* zu *ue*, wenn die betreffende Silbe betont ist.
Außerdem ist bei diesen Verben das Partizip unregelmäßig.

Die wichtigsten Verben der Gruppe:
volver zurückkommen, *envolver* einhüllen, einwickeln, *devolver* zurückgeben, *resolver* lösen.

Übungen: I.20.2; II.20.8

Presente de indicativo

siento no poder quedarme
ich bedaure, nicht dableiben zu können

siento
sientes
siente
sentimos
sentís
sienten

Presente de subjuntivo

no creo que prefieras quedarte
ich glaube nicht, daß du es vorziehst zu bleiben

prefiera
prefieras
prefiera
prefiramos
prefiráis
prefieran

Imperativo

¡diviértete!
vergnüg dich, unterhalte dich gut!

¡diviértete!
¡diviértase Vd.!
¡vamos a divertirnos!
¡divertiros!
¡diviértanse!

¡no te sientas tan triste!
sei nicht so traurig!

¡no te sientas...!
¡no se sienta Vd....!
¡no nos sintamos...!
¡no os sintáis...!
¡no se sientan Vds....!

Pretérito imperfecto de subjuntivo

si lo sintiera...
wenn ich es bedauern würde

sintiera
sintieras
sintiera
sintiéramos
sintierais
sintieran

si lo sintiese...

sintiese
sintieses
sintiese
sintiésemos
sintieseis
sintiesen

Pretérito indefinido

preferí quedarme
ich zog es vor zu bleiben

preferí
preferiste
prefirió

Gerundio

esto se está convirtiendo en un peligro
das wird zu einer Gefahr (das verwandelt sich in eine Gefahr)

preferimos
preferisteis
prefirieron

> Eine Gruppe von Verben wird nach den angegebenen Modellen konjugiert. (*e* wird zu *ie*, wenn die betreffende Silbe betont ist. *e* wird zu *i*, wenn in der Endung keine Silbe mit *i* – (nicht *ie* oder *io* – enthalten ist.)

Die wichtigsten Verben dieser Gruppe:
advertir aufmerksam machen, hinweisen: Le *advierto* que es tarde. Ich mache Sie darauf aufmerksam, daß es spät ist.
convertirse werden zu: La lluvia *se convirtió* en una terrible riada. Der Regen verwandelte sich in eine schreckliche Überschwemmung.
divertirse sich vergnügen: ¡Que *se divierta* Vd.! Viel Vergnügen!
herirse sich verletzen: La señora *se hirió* en la frente. ... verletzte sich an der Stirn.
preferir vorziehen, lieber haben: *Prefiero* quedarme; *prefiero* el vino; *prefiero* que tú estés conmigo. ... Es ist mir lieber, wenn du bei mir bist.
referirse sich auf etw. beziehen, von etw. sprechen: *Se refiere* a la invasión de gente de Andalucía. Sie spricht vom starken Zustrom aus Andalusien.
sentir fühlen, leid tun: *Lo siento*, pero no tengo tiempo. Tut mir leid...; *¿Se siente mejor?* Fühlen Sie sich besser?

Übungen: I.20.2; II.14.1; II.14.2; II.20.9; III.7.1

11 Gruppe dormir/morir

Presente de indicativo

yo siempre duermo bien
ich schlafe immer gut

duermo
duermes
duerme
dormimos
dormís
duermen

Presente de subjuntivo

espero que duerma bien
ich hoffe, Sie schlafen gut

duerma
duermas
duerma
durmamos
durmáis
duerman

Imperativo

¡duerme!
schlaf!

¡duerme!
¡duerma Vd.!
¡vamos a dormir!
¡dormir/dormid!
¡duerman Vds.!

¡no te duermas!
schlaf nicht ein!

¡no te duermas!
¡no se duerma Vd.!
¡no nos durmamos!
¡no os durmáis!
¡no se duerman Vds.!

Pretérito imperfecto de subjuntivo

si por fin se durmiera...
wenn er/sie endlich einschlafen würde...

durmiera
durmieras
durmiera
durmiéramos
durmierais
durmieran

si por fin se durmiese

durmiese
durmieses
durmiese
durmiésemos
durmieseis
durmiesen

Pretérito indefinido

por fin se durmió
endlich schlief sie ein

me dormí
te dormiste
se durmió
nos dormimos
os dormisteis
se durmieron

Participio

ha dormido bien
er hat gut geschlafen

ha muerto
er ist gestorben

Gerundio

está durmiendo — er schläft gerade
está muriendo — er liegt im Sterben

Die Verben *dormir* und *morir* werden nach den angegebenen Modellen konjugiert. (*o* wird zu *ue*, wenn die betreffende Silbe betont ist. *o* wird zu *u*, wenn in der Endung keine Silbe mit *i* – nicht mit *ie* oder *io* – enthalten ist).

Die Verben dieser Gruppe: *dormir* schlafen, *dormirse* einschlafen, *morir* sterben, *morirse* umkommen.

Übungen: I.17.3; III.7.2

12 Gruppe pedir

Presente de indicativo

¿qué me pide Vd.?
was verlangen Sie von mir?

pido
pides
pide
pedimos
pedís
piden

Presente de subjuntivo

¿quiere Vd. que pida más?
soll ich mehr verlangen?

pida
pidas
pida
pidamos
pidáis
pidan

Imperativo

¡pide lo que quieras!
verlang, was du willst!

¡pide!
¡pida Vd.!
¡vamos a pedir!
¡pedir/pedid!
¡pidan Vds.!

¡no pidas demasiado!
verlang nicht zuviel!

¡no pidas!
¡no pida Vd.!
¡no pidamos!
¡no pidáis!
¡no pidan Vds.!

Pretérito imperfecto de subjuntivo

si Tere eligiera otra profesión...
wenn T. einen anderen Beruf wählen würde...

eligiera
eligieras
eligiera
eligiéramos
eligierais
eligieran

si Tere eligiese otra profesión

eligiese
eligieses
eligiese
eligiésemos
eligieseis
eligiesen

Pretérito indefinido

por fin conseguí los billetes
endlich bekam ich die Karten

conseguí
conseguiste
consiguió

Gerundio

los amigos se están despidiendo
sie verabschieden sich gerade

conseguimos
conseguisteis
consiguieron

Eine Gruppe von Verben wird nach den angegebenen Modellen konjugiert. (*e* wird zu *i*, wenn die betreffende Silbe betont ist oder wenn in der Endung keine Silbe mit *i* – nicht *ie* oder *io* – enthalten ist).

Die wichtigsten Verben dieser Gruppe:
conseguir erreichen: No *consiguió* la conferencia. Er bekam das Ferngespräch nicht.
¿Has conseguido hablarle? Ist es dir gelungen, ...?
despedirse sich verabschieden: *¡Despídete!* Verabschiede dich!
elegir wählen: *Elija Vd.* lo que quiera. Wählen Sie aus, was sie wollen.
impedir hindern, verhindern: La policía lo *impidió*. Polizei verhinderte es.
pedir verlangen: Me *han pedido* que les dé la dirección. Sie haben mich gebeten, ihnen die Adresse zu geben.
reirse lachen: ¿De qué *se ríe* Vd.? Worüber lachen Sie?
repetir wiederholen: Si no se lo *repito* tres veces... Wenn ich es ihr nicht dreimal sage...
seguir folgen, weiterhin tun: *¡Sígame Vd.!* Fahren Sie mir nach!
¡No sigas hablando! Sprich nicht weiter!
servir dienen, bedienen: ¿Qué os *sirvo*? Was darf ich euch servieren?
vestirse sich anziehen: *¡Vístete!* Zieh dich an!

Übungen: II.8.7; II.13.3–5; II.20.9; III.7.2

Gruppe construir **13**

Presente de indicativo

construyen una casa
sie bauen ein Haus

construyo
construyes
construye
construimos
construís
construyen

Presente de subjuntivo

espero que no construyan un hotel
ich hoffe, sie bauen kein Hotel

construya
construyas
construya
construyamos
construyáis
construyan

In den Formen, deren Endung nicht mit *i* beginnt, wird vor der Endung ein *y* eingeschoben. (Orthographische Veränderungen wie *construyó* → 50).

Übung: II.20.10

14 Gruppe ofrecer

Presente de indicativo

¿qué os ofrezco?
was kann ich euch anbieten?

ofrezco
ofreces
ofrece
ofrecemos
ofrecéis
ofrecen

Presente de subjuntivo

quiero que conozcas a Pili
ich will, daß du Pili kennenlernst

conozca
conozcas
conozca
conozcamos
conozcáis
conozcan

Die Verben dieser Gruppe werden nach den angegebenen Modellen konjugiert. (Vgl. die Regel für die Bildung des Presente de subjuntivo → 38).

Die wichtigsten Verben dieser Gruppe:
agradecer dankbar sein: Les *agradezco* el viaje que me han pagado. Ich danke Ihnen für die Reise. Se lo *agradezco*. Ich danke Ihnen dafür.
conocer kennen, kennenlernen: *Conozco* a gente de todas partes del mundo. Ich kenne Leute aus allen Teilen der Welt.
desaparecer verschwinden: Temo que *desaparezca* el dinero. Ich fürchte, daß das Geld verschwindet.
establecer einrichten: Yo *establecería* un pequeño negocio. Ich würde ein kleines Geschäft einrichten.
nacer geboren werden: Tere es una muchacha *nacida* en Barcelona. *Nació* en Barcelona. Sie wurde in Barcelona geboren.
ofrecer anbieten: María les *ofrece* un refresco. Maria bietet Ihnen eine Erfrischung an.
parecer scheinen: Paco *parece* cansado. Paco scheint müde (zu sein). ¿Qué te *parece* si vamos de compras? Was hältst du davon, wenn wir einkaufen?
pertenecer gehören: La moto *pertenece* a un amigo mío. Das Motorrad gehört einem Freund.
reconocer anerkennen, wiedererkennen: Madrid ha cambiado mucho, no lo *reconozco*. Ich erkenne es nicht wieder.

Übungen: II.8.8; II.20.10; III.16.5

Die Konjugation der unregelmäßigen Verben

Die sogenannten unregelmäßigen Verben weisen zum Teil weniger Unregelmäßigkeiten auf als die Gruppenverben. Auch haben sie untereinander viele Ähnlichkeiten, was das Lernen ebenso erleichtert wie die Tatsache, daß die wichtigsten Formen sehr häufig gebraucht werden.

andar - gehen 15

Pretérito indefinido

anduvimos a pie
wir gingen zu Fuß

anduve
anduviste
anduvo
anduvimos
anduvisteis
anduvieron

Pretérito imperfecto de subjuntivo

si anduviéramos a pie ...
si anduviésemos a pie ...
wenn wir zu Fuß gingen/wenn wir zu Fuß gehen würden ...

caber - hineinpassen, Platz haben 16

Presente de indicativo

¿ cabe todo en la maleta?
paßt alles in den Koffer?

quepo
cabes
cabe
cabemos
cabéis
caben

Presente de subjuntivo

espero que quepa todo
ich hoffe, es paßt alles hinein

quepa
quepas
quepa
quepamos
quepáis
quepan

Futuro imperfecto

tú sí que cabrás, pero tu bolsa ...
du wirst schon reinpassen,
aber deine Tasche ...

cabré
cabrás
cabrá

Potencial simple

tú cabes, yo no cabría
du paßt rein, ich würde nicht reinpassen

cabría
cabrías
cabría

cabremos
cabréis
cabrán

cabríamos
cabríais
cabrían

Pretérito imperfecto de subjuntivo

si no cupiera la bolsa ...
wenn die Tasche nicht reinpassen würde ... (was wäre dann?)

cupiera
cupieras
cupiera
cupiéramos
cupierais
cupieran

si no cupiese la bolsa ...

cupiese
cupieses
cupiese
cupiésemos
cupieseis
cupiesen

17 caer - fallen → 50

Presente de indicativo

aquí cae mucha nieve
hier fällt viel Schnee

caigo
caes
cae
caemos
caéis
caen

Presente de subjuntivo

espero que no te caigas
ich hoffe, du fällst nicht hin

caiga
caigas
caiga
caigamos
caigáis
caigan

18 conducir - führen, Auto fahren

Presente de indicativo

la calle conduce a la estación
die Straße führt zum Bahnhof

conduzco
conduces
conduce

Presente de subjuntivo

¿ quieres que conduzca yo?
willst, du, daß ich fahre?

conduzca
conduzcas
conduzca

conducimos
conducís
conducen

conduzcamos
conduzcáis
conduzcan

Pretérito indefinido

¿ayer condujiste tú, no?
gestern fuhrst du, nicht?

conduje
condujiste
condujo
condujimos
condujisteis
condujeron

Pret. imperfecto de subjuntivo

si condujera yo ...
si condujese yo ...
wenn ich fahren würde ...

Ebenso werden andere mit *-ducir* gebildete Verben konjugiert:
producirse sich ereignen: Un 80 por 100 de los accidentes *se producen* por fallo humano. 80% der Unfälle ereignen sich durch menschliches Versagen.
reducir verringern: Ofrecen discos a precios *reducidos*. Sie bieten Schallplatten zu herabgesetzten Preisen an.
traducir übersetzen: *Traduje* la carta en cinco minutos. Ich übersetzte den Brief in 5 Minuten.

Übungen: I. 22.1; I. 22.2

dar - geben **19**

Presente de indicativo

¿me das fuego?
gibst du mir Feuer?

doy
das
da
damos
dais
dan

Presente de subjuntivo

me piden que les dé nuestra dirección
... daß ich ihnen die Adresse gebe

dé → 38
des
dé → 38
demos
deis
den

Pretérito indefinido

me dio un fuerte golpe
er gab mit einen Schlag

Pret. imperfecto de subjuntivo

si no se diera cuenta ...
si no se diese cuenta ...
wenn er es nicht merkte/
wenn er es nicht merken würde

di
diste
dio
dimos
disteis
dieron

Übungen: I. 18.2; I. 18.8

20 decir - sagen

Presente de indicativo

le digo la verdad
ich sage Ihnen die Wahrheit

digo
dices
dice
decimos
decís
dicen

Presente de subjuntivo

espero que me diga la verdad
ich hoffe, Sie sagen mir die Wahrheit

diga
digas
diga
digamos
digáis
digan

Futuro imperfecto

yo no le diré nada
ich werde ihm nichts sagen

diré
dirás
dirá
diremos
diréis
dirán

Potencial simple

yo no le diría nada tampoco
ich würde ihm auch nichts sagen

diría
dirías
diría
diríamos
diríais
dirían

Pretérito imperfecto de subjuntivo

si ella no me dijera la verdad ...
wenn sie mir nicht die Wahrheit sagte...

si ella no me dijese la verdad ...

Pretérito indefinido

ayer le dije que sí
gestern sagte ich ja zu ihm

Imperativo

dígame qué hora es
sagen Sie mir, wie spät es ist

dije
dijiste
dijo
dijimos
dijisteis
dijeron

¡di!
¡diga Vd.!
¡digamos/vamos a decir!
¡decir/decid!
¡digan Vds.!

Participio

he dicho todo lo que sé
ich habe alles gesagt, was ich weiß

Gerundio

estás diciendo tonterías
du redest Unsinn, sagst Dummheiten

Übung: I.23.1

estar - sein, stehen, sich befinden 21

Presente de indicativo

mañana no estoy aquí
morgen bin ich nicht hier

estoy
estás
está
estamos
estáis
están

Presente de subjuntivo

espero que estés bien
ich hoffe, es geht dir gut

esté
estés
esté
estemos
estéis
estén

Imperativo

¡estáte quieto!
verhalte dich ruhig!

¡estáte/está!
¡esté Vd.!
¡vamos a estar/estemos!
¡estar/estad!
¡estén Vds.!

¡no estés nervioso!
sei nicht nervös!

¡no estés!
¡no esté Vd.!
¡no estemos!
¡no estéis!
¡no estén Vds.

Pretérito imperfecto de subjuntivo

si no estuviera averiado el camión ...
wenn der Lastwagen keine Panne hätte...

si no estuviese averiado el camión ...

Pretérito indefinido

ayer estuve en Madrid
gestern war ich in Madrid

estuve
estuviste
estuvo
estuvimos
estuvisteis
estuvieron

Übung: I.9.3

22 haber - haben (Hilfszeitwort)

siehe alle Formen von *haber* in folgenden Teilen von → 1:
Pretérito perfecto de indicativo: *he mandado un telegrama*
Pretérito perfecto de subjuntivo: *espero que haya mandado un telegrama*
Futuro perfecto: *habré hablado con el conserje*
Pretérito pluscuamperfecto: *le había invitado muchas veces*
Pretérito pluscuamperfecto de subjuntivo: *si le hubiera/hubiese invitado*
Potencial compuesto: *le habría invitado/le hubiera invitado si ...*

Übungen: I.6.2; I.6.3; I.6.8; I.10.1

23 hay - es gibt

Presente de indicativo

en el pasaje hay tiendas
in der Passage gibt es Läden

Pretérito perfecto de indicativo

hoy ha habido mucha gente
heute waren viele Leute da

Futuro imperfecto

supongo que habrá dificultades
es wird Schwierigkeiten geben

Presente de subjuntivo

espero que haya sitio
ich hoffe, es gibt Platz

Pretérito perfecto de subjuntivo

no creo que haya habido problemas
ich glaube nicht, daß es Schwierigkeiten gegeben hat

Potencial simple

por mí no habría dificultades
meinetwegen würde es keine Schwierigkeiten geben

Futuro perfecto

habrá habido un error
es wird einen Irrtum gegeben haben

Pretérito imperfecto de subjuntivo

si hubiera otra solución ...
wenn es eine andere Lösung gäbe ...

si hubiese otra solución ...

Infinitivo

puede haber otra solución
es kann eine andere Lösung geben

puede haber habido un error
es kann einen Irrtum gegeben haben

Pretérito indefinido

hubo una tormenta terrible
es gab ein entsetzliches Gewitter

Pretérito imperfecto

había algunos que no me creían
es gab einige, die mir nicht glaubten

Pretérito pluscuamperfecto

había habido muchas discusiones
es hatte viele Diskussionen gegeben

Pret. pluscuamperfecto de subjuntivo

si hubiera/hubiese habido un error ...
wenn es einen Irrtum gegeben hätte ...

Potencial compuesto

no habría habido/hubiera habido otra solución
es hätte keine andere Lösung gegeben

Übungen: I.5.5; I.19.7

hacer - tun, machen

24

Presente de indicativo

¿me hace el favor?
tun Sie mir den Gefallen?

hago
haces
hace
hacemos
hacéis
hacen

Presente de subjuntivo

espero que me haga este favor
ich hoffe, Sie tun mir den Gefallen

haga
hagas
haga
hagamos
hagáis
hagan

Futuro imperfecto

haré el viaje
ich werde die Reise machen

haré
harás
hará
haremos
haréis
harán

Potencial simple

yo no haría ese viaje
ich würde diese Reise nicht machen

haría
harías
haría
haríamos
haríais
harían

Pretérito imperfecto de subjuntivo

si le hiciera esta pregunta ...
wenn ich ihm diese Frage stellen würde ...

si le hiciese esta pregunta ...

Imperativo

¡hazme este favor!
tu mir diesen Gefallen!

¡haz!
¡haga Vd.!
¡vamos a hacer/hagamos!
¡hacer/haced!
¡hagan Vds.!

Participio

todo está hecho
alles ist gemacht
lo hemos hecho todo
wir haben alles gemacht

Ebenso: *deshacer* zunichte machen

25 ir - gehen, fahren

Presente de indicativo

siempre voy a pie
ich gehe immer zu Fuß

voy
vas
va
vamos
vais
van

Presente de subjuntivo

espero que le vaya bien
ich hoffe, es geht Ihnen gut

vaya
vayas
vaya
vayamos
vayáis
vayan

Futuro imperfecto

si tengo tiempo, iré
wenn ich Zeit habe, werde ich hingehen

Potencial simple

yo también iría con mucho gusto
ich würde auch sehr gern hingehen

Pretérito imperfecto de subjuntivo

si fuéramos todos juntos ...
wenn wir alle zusammen hingingen ...

si fuésemos todos juntos ...

Imperativo

¡vaya Vd. ahora mismo!
gehen Sie jetzt sofort!

¡ve/vete!
¡vaya Vd.!
¡vamos!
¡ir/id!
¡vayan!

Participio

todo ha ido estupendamente
alles ist wunderbar gegangen

Gerundio

yendo solo me aburro
wenn ich allein gehe, langweile ich mich

Pretérito indefinido

ayer fui solo
gestern ging ich allein hin

fui
fuiste
fue
fuimos
fuisteis
fueron

Pretérito imperfecto

casi siempre iba con ella
er ging fast immer mit ihr

iba
ibas
iba
íbamos
ibais
iban

Übungen: I.7.8; I.9.10; II.14.8; II.14.9; II.18.6

oir - hören 26

Presente de indicativo

oigo la radio
ich höre Radio

oigo
oyes
oye

Presente de subjuntivo

¿quiere que oiga la radio?
wollen Sie, daß ich Radio höre?

oiga
oigas
oiga

oímos
oís
oyen

oigamos
oigáis
oigan

Gerundio

estoy oyendo la radio → 50
ich höre gerade Radio

Participio/Pretérito perfecto

he oído la radio
ich habe Radio gehört

Pretérito imperfecto de subjuntivo

si oyeras las noticias ... → 50
wenn du die Nachrichten hörtest/
hören würdest ...

si oyeses las noticias ... → 50

Übungen: I. 20.9; I. 20.10

27 poder - können

Presente de indicativo

no puedo ayudarle → 8
ich kann Ihnen nicht helfen

Presente de subjuntivo

¿ no cree que pueda ayudarle ?
glauben Sie nicht, daß ich Ihnen helfen
kann?

Futuro imperfecto

no podré ayudarle
ich werde Ihnen nicht helfen können

podré
podrás
podrá
podremos
podréis
podrán

Potencial simple

yo podría ayudarle
ich könnte Ihnen helfen

podría
podrías
podría
podríamos
podríais
podrían

Pretérito imperfecto de subjuntivo

si yo pudiera ayudarle ...
wenn ich Ihnen helfen könnte ...

pudiera
pudieras
pudiera

si yo pudiese ayudarle ...

pudiese
pudieses
pudiese

pudiéramos
pudierais
pudieran

pudiésemos
pudieseis
pudiesen

Pretérito indefinido

no pudimos hacer nada
wir konnten nichts machen

pude
pudiste
pudo
pudimos
pudisteis
pudieron

Übungen: I.11.1; I.20.2

poner - setzen, stellen, legen 28

Presente de indicativo

pongo el despertador
ich stelle den Wecker

pongo
pones
pone
ponemos
ponéis
ponen

Presente de subjuntivo

¿ quiere que ponga el despertador ?
soll ich den Wecker stellen?

ponga
pongas
ponga
pongamos
pongáis
pongan

Participio/Pretérito perfecto

he puesto el despertador
ich habe den Wecker gestellt

Imperativo

pon las botellas allí → 41
stell die Flaschen dorthin

Futuro imperfecto

me pondré otra corbata
ich werde eine andere Krawatte anziehen

Potencial simple

por eso no pondría un telegrama
deshalb würde ich kein Telegramm aufgeben

pondré
pondrás
pondrá
pondremos
pondréis
pondrán

pondría
pondrías
pondría
pondríamos
pondríais
pondrían

Pretérito imperfecto de subjuntivo

si Vd. pusiera las cosas en claro ...
wenn Sie die Dinge klarstellen würden...

si Vd. pusiese las cosas en claro

pusiera
pusieras
pusiera
pusiéramos
pusierais
pusieran

pusiese
pusieses
pusiese
pusiésemos
pusieseis
pusiesen

Pretérito indefinido

me puse nervioso
ich wurde nervös

puse
pusiste
puso
pusimos
pusisteis
pusieron

Ebenso wie *poner* werden konjugiert: *proponer* vorschlagen – *suponer* vermuten

29 querer - wollen, lieben

Presente de indicativo

le quiero mucho → 7
ich habe ihn sehr gern

Presente de subjuntivo

espero que no quiera más dinero → 7
ich hoffe, er will nicht mehr Geld

Futuro imperfecto

no querrás marcharte

Potencial simple

yo querría/quisiera invitarle → 102

du wirst doch wohl nicht weggehen wollen

querré
querrás
querrá
querremos
querréis
querrán

ich würde Sie gern einladen

querría
querrías
querría
querríamos
querríais
querrían

Pretérito imperfecto de subjuntivo

si quisiera hacerlo lo haría
wenn ich es tun wollte, würde ich es tun

quisiera
quisieras
quisiera
quisiéramos
quisierais
quisieran

si quisiese hacerlo lo haría

quisiese
quisieses
quisiese
quisiésemos
quisieseis
quisiesen

Pretérito indefinido

quise hacerlo, pero no pude
ich wollte es tun, aber ich konnte nicht

quise
quisiste
quiso
quisimos
quisisteis
quisieron

Übung: I.8.2

saber - wissen, können → 154 **30**

Presente de indicativo

sé lo que digo
ich weiß, was ich sage

Presente de subjuntivo

quiero que lo sepa Vd. todo
ich will, daß Sie alles wissen

sé
sabes
sabe
sabemos
sabéis
saben

sepa
sepas
sepa
sepamos
sepáis
sepan

Futuro imperfecto

sabrá lo que quiere
er wird wissen, was er will

sabré
sabrás
sabrá
sabremos
sabréis
sabrán

Potencial simple

yo no sabría qué decir
ich wüßte nicht, was ich sagen soll

sabría
sabrías
sabría
sabríamos
sabríais
sabrían

Pretérito imperfecto de subjuntivo

si supiera algo más de Vd. ...
wenn ich etwas mehr über Sie wüßte...

supiera
supieras
supiera
supiéramos
supierais
supieran

si supiese algo más de Vd. ...

supiese
supieses
supiese
supiésemos
supieseis
supiesen

Pretérito indefinido

yo supe la noticia anteayer → 111
ich erfuhr die Nachricht vorgestern

supe
supiste
supo
supimos
supisteis
supieron

Übungen: I.8.1; I.11.9; I.16.1; I.23.1

salir - ausgehen, hinausgehen 31

Presente de indicativo

salgo con unos amigos
ich gehe mit Freunden aus

salgo
sales
sale
salimos
salís
salen

Presente de subjuntivo

¿quieres que salga contigo?
soll ich mit dir ausgehen?

salga
salgas
salga
salgamos
salgáis
salgan

Imperativo

sal conmigo → 41
geh mit mir aus

Futuro imperfecto

esta noche no saldré
heute abend werde ich nicht ausgehen

saldré
saldrás
saldrá
saldremos
saldréis
saldrán

Potencial simple

saldría con Vd. con mucho gusto
ich würde sehr gern mit Ihnen ausgehen

saldría
saldrías
saldría
saldríamos
saldríais
saldrían

ser - sein, werden 32

Presente de indicativo

soy obrero
ich bin Arbeiter

soy
eres
es
somos
sois
son

Presente de subjuntivo

no creo que sea español
ich glaube nicht, daß er Spanier ist

sea
seas
sea
seamos
seáis
sean

Gerundio

va siendo hora de que hagas algo
es wird allmählich Zeit, daß du etwas tust

Imperativo

¡sé inteligente! sei schlau!
¡sea Vd. inteligente!
¡vamos a ser/seamos inteligentes!
¡ser/sed inteligentes!
¡sean Vds. inteligentes!

¡no seas tonto! sei nicht dumm!
¡no sea Vd. tonto!
¡no vamos a ser/no seamos tontos!
¡no seáis tontos!
¡no sean Vds. tontos!

Participio/Pret. perfecto

ha sido muy interesante
es ist sehr interessant gewesen

Pretérito imperfecto de subjuntivo

si no fuera tan difícil lo haría
wenn es nicht so schwierig wäre, würde ich es tun

si no fuese tan difícil lo haría

fuera	fuese
fueras	fueses
fuera	fuese
fuéramos	fuésemos
fuerais	fueseis
fueran	fuesen

Pretérito indefinido

fue una catástrofe
es war eine Katastrophe

fui
fuiste
fue
fuimos
fuisteis
fueron

Pretérito imperfecto

era una noche oscura
es war eine dunkle Nacht

era → 44
eras
era
éramos
erais
eran

Übungen: I.3.7; I.3.8; I.7.2; I.7.3; I.9.6; II.15.10; II.18.6

Presente de indicativo

yo siempre tengo suerte
ich habe immer Glück

tengo
tienes
tiene
tenemos
tenéis
tienen

Presente de subjuntivo

espero que tengas suerte
ich hoffe, du hast Glück

tenga
tengas
tenga
tengamos
tengáis
tengan

Participio/Pret. perfecto

no he tenido tiempo
ich habe keine Zeit gehabt

Imperativo

¡ten cuidado! → 41 sei vorsichtig!
¡tenga Vd. cuidado!
¡vamos a tener/tengamos cuidado!
¡tener/tened cuidado!
¡tengan Vds. cuidado!

Futuro imperfecto

tendrá mucho trabajo
er wird viel Arbeit haben

tendré
tendrás
tendrá
tendremos
tendréis
tendrán

Potencial simple

yo no tendría tiempo para hacerlo
ich hätte keine Zeit, es zu tun

tendría
tendrías
tendría
tendríamos
tendríais
tendrían

Pretérito imperfecto de subjuntivo

si yo tuviera tanto dinero como él ...
wenn ich soviel Geld hätte wie er ...

tuviera
tuvieras
tuviera
tuviéramos
tuvierais
tuvieran

si yo tuviese tanto dinero como él ...

tuviese
tuvieses
tuviese
tuviésemos
tuvieseis
tuviesen

Pretérito indefinido

ayer tuve visita
gestern bekam ich Besuch

tuve
tuviste
tuvo
tuvimos
tuvisteis
tuvieron

Ebenso wie *tener* werden konjugiert: *contener* enthalten; *detener* aufhalten, verhaften; *mantener* erhalten, unterhalten; *obtener* erhalten, bekommen

Übungen: I.4.1; I.9.1

34 traer - (her)bringen

Presente de indicativo

Juan trae su guitarra
Juan bringt die Gitarre mit

traigo
traes
trae
traemos
traéis
traen

Presente de subjuntivo

espero que traiga a su novia
ich hoffe, er bringt seine Freundin mit

traiga
traigas
traiga
traigamos
traigáis
traigan

Pretérito imperfecto de subjuntivo

si nos trajeras un poco de vino ...
wenn du uns ein bißchen Wein mitbrächtest...

trajera
trajeras
trajera
trajéramos
trajerais
trajeran

si nos trajeses un poco de vino

trajese
trajeses
trajese
trajésemos
trajeseis
trajesen

Pretérito indefinido

entonces, traje varios discos de París
damals brachte ich einige Schallplatten aus Paris mit

traje
trajiste
trajo
trajimos
trajisteis
trajeron

Ebenso wie *traer* wird konjugiert: *atraer* anziehen, anlocken

Übung: I.22.6

valer - wert sein, gelten, kosten 35

Presente de indicativo

para eso no valgo yo
dazu tauge ich nicht

valgo
vales
vale
valemos
valéis
valen

Presente de subjuntivo

no creo que valga la pena
ich glaube nicht, daß es lohnt

valga
valgas
valga
valgamos
valgáis
valgan

Futuro imperfecto

valdrá más de mil pesetas
das wird über tausend Peseten kosten

Potencial simple

valdría la pena intentarlo
es würde sich lohnen, es zu versuchen

venir - kommen 36

Presente de indicativo

vengo de la oficina
ich komme aus dem Büro

Presente de subjuntivo

espero que venga pronto
ich hoffe, er kommt bald

vengo
vienes
viene
venimos
venís
vienen

venga
vengas
venga
vengamos
vengáis
vengan

Gerundio

está viniendo mucha gente
es kommen viele Leute

Imperativo

¡ven aquí! komm hierher! → 41
¡venga Vd!
(¡vengamos!)
¡venir/venid!
¡vengan Vds.!

Futuro imperfecto

vendré con ellos
ich werde mit ihnen kommen

vendré
vendrás
vendrá
vendremos
vendréis
vendrán

Potencial simple

vendría con mucho gusto
ich würde sehr gern kommen

vendría
vendrías
vendría
vendríamos
vendríais
vendrían

Pretérito imperfecto de subjuntivo

si viniera alguno de mis amigos...
wenn einer von meinen Freunden käme...

viniera
vinieras
viniera
viniéramos
vinierais
vinieran

si viniese alguno de mis amigos...

viniese
vinieses
viniese
viniésemos
vinieseis
viniesen

Pretérito indefinido

ayer vino a buscarme
gestern kam er mich abholen

vine
viniste
vino
vinimos
vinisteis
vinieron

Ebenso wie *venir* (viene) wird konjugiert: *conviene* es ist zweckmäßig

Übung: I.13.2

ver - sehen 37

Presente de indicativo

le veo mañana
ich sehe ihn morgen

veo
ves
ve
vemos
veis
ven

Presente de subjuntivo

espero que le vea mañana
ich hoffe, ich sehe ihn morgen

vea
veas
vea
veamos
veáis
vean

Participio/Pret. perfecto

¿ has visto esto ?
hast du das gesehen?

Gerundio

estamos viendo la televisión
wir sehen gerade fern

Pretérito indefinido

el otro día le vi
neulich sah ich ihn

vi
viste
vio
vimos
visteis
vieron (→ si me viera/viese)

Pretérito imperfecto

nos veíamos los domingos
wir sahen uns immer sonntags

veía
veías
veía
veíamos
veíais
veían

Übungen: I.8.6; I.13.1

Übersicht über die wichtigsten unregelmäßigen Formen der Verben

Zur Wiederholung ist es sinnvoll, sich die unregelmäßigen Formen verschiedener Verben parallel zueinander einzuprägen, also z. B. das Pretérito indefinido aller unregelmäßigen Verben (zu denen auch die Gruppenverben gehören). Im folgenden sind die wichtigsten Schlüsselformen zusammengestellt.

38 Presente de indicativo/Presente de subjuntivo

caber	quepo cabes	quepa quepas
caer	caigo caes	caiga caigas
conducir	conduzco conduces	conduzca conduzcas → 14
dar	doy das	dé des
decir	digo dices decimos	diga digas
estar	estoy estás	esté estés
haber	he has → 22, → 23	haya hayas
hacer	hago haces	haga hagas
ir	voy vas	vaya vayas
oir	oigo oyes	oiga oigas
poder	puedo puedes	pueda puedas → 8
poner	pongo pones	ponga pongas
querer	quiero quieres	quiera quieras → 7
saber	sé sabes	sepa sepas
salir	salgo sales	salga salgas
ser	soy eres → 32	sea seas
tener	tengo tienes	tenga tengas
traer	traigo traes	traiga traigas
valer	valgo vales	valga valgas
venir	vengo vienes	venga vengas
ver	veo ves	vea veas

Bei den allermeisten Verben sind alle Formen des Presente de subjuntivo aus der ich-Form (1. Person Singular) des Presente de indicativo abzuleiten: *tengo* → *tenga, tengas*...
Ausnahmen: *dar*, *estar*, *haber*, *ir*, *saber*, *ser*.

Übungen: I.9.11; I.15.8; I.16.4; I.18.1; I.18.3; I.21.2; I. 21.4; I.21.8; I.23.8; I.24.2; I.24.10; II.2.1; II.2.4; II.9.1; II.10.6–8; II.12.2; II.12.3; III.16.1; III.16.2; III.16.5

Gerundio 39

decir	lo está diciendo
ir	está yendo a casa → 51
dormir	está durmiendo
pedir	están pidiendo agua → 12
sentir	sigue sintiéndose muy bien → 10
venir	están viniendo cada vez más turistas

> Einige an sich regelmäßige Gerundien enthalten Veränderungen in der Schreibweise: → 50.

Übungen: II.13.6; II.15.7; III.3.3; III.3.4; III.14.1

Participio/Pretérito perfecto 40

abrir	ha abierto la ventana
cubrir	la mesa está cubierta de papeles
decir	¿no te lo he dicho?
descubrir	he descubierto algo muy interesante
devolver	¿te ha devuelto el dinero?
envolver	el regalo estaba envuelto en un papel muy bonito
escribir	¿te ha escrito tu novia?
hacer	¿qué has hecho?
morir	se ha muerto su padre
poner	¿has puesto el despertador?
romper	parece que el reloj está roto
resolver	el problema todavía no está resuelto
ver	esta semana no he visto a Paco
volver	su hermano ha vuelto del extranjero

Übungen: I.12.4; I.23.9; I.24.8; II. 6.5; II.6.6; III.10.3

Imperativo 41

decir	di lo que quieres	sag, was du willst
hacer	haz lo que te digo	tu, was ich dir sage
ir	ve/vete a casa	geh nach Haus
	vamos a casa	gehen wir nach Haus
irse	vámonos → 107	gehen wir
poner	pon la mesa	deck den Tisch
salir	sal si quieres	geh aus/hinaus, wenn du willst
ser	sé bueno	sei brav

tener	ten cuidado	sei vorsichtig
venir	ven conmigo	komm mit mir

Bei den meisten Verben sind die Formen des Imperativs gleichlautend mit Formen des Presente de indicativo und Presente de subjuntivo oder direkt aus diesen abzuleiten:

él toma	¡toma!
espero que Vd. tome	¡tome Vd.!
él espera que tomemos	¡tomemos!
tomar	¡tomar/tomad!
espero que Vds. tomen	¡tomen Vds.!

Ausnahmen sind nur die oben angeführten Formen.

Übungen: I.24.13; III.2.1; III.2.3; III.2.4; III.2.6

42 Futuro imperfecto/Potencial simple

caber	cabré	cabría
decir	diré	diría
haber/hay	habré/habrá	habría
hacer	haré	haría
poder	podré	podría
poner	pondré	pondría
querer	querré	querría → 102
saber	sabré	sabría
salir	saldré	saldría
tener	tendré	tendría
valer	valdré	valdría
venir	vendré	vendría

Bei allen Verben wird Futur und Potencial aus dem gleichen Stamm gebildet, z.B. *tendr-é* und *tendr-ía*. Bei den meisten Verben ist dieser Stamm der Infinitiv: *tomar-é*, *pensar-ía* usw. Die Ausnahmen sind in der vorstehenden Liste enthalten.

Übungen: II.8.2; II.8.3; II.8.4

43 Pretérito indefinido/Pretérito imperfecto de subjuntivo

andar	anduvieron	anduviera/anduviese
caber	(cupieron)	cupiera/cupiese
conducir → 18	condujeron	condujera/condujese

dar	dieron	diera/diese
decir	dijeron	dijera/dijese
dormir → 11	durmieron	durmiera/durmiese
estar	estuvieron	estuviera/estuviese
haber	(hubieron)	hubiera/hubiese
hay		hubiera/hubiese
hacer	hicieron	hiciera/hiciese
ir	fueron	fuera/fuese
pedir → 12	pidieron	pidiera/pidiese
poder	pudieron	pudiera/pudiese
poner	pusieron	pusiera/pusiese
querer	quisieron	quisiera/quisiese
saber	supieron	supiera/supiese
sentir → 10	sintieron	sintiera/sintiese
ser	fueron	fuera/fuese
tener	tuvieron	tuviera/tuviese
traer	trajeron	trajera/trajese
venir	vinieron	viniera/viniese

Der Stamm des Pretérito indefinido und des Pretérito imperfecto de subjuntivo ist bei allen Verben – ob regelmäßig oder unregelmäßig – gleich.

Übungen: II.7.3; II.14.5–7; II.15.8; III.1.5; III.9.1; III.16.5; III.16.3

Pretérito imperfecto **44**

ir él iba siempre solo
ser era muy tarde cuando salió
ver era una noche tan oscura que no veía nada

Dies sind die einzigen Verben, die das Pretérito imperfecto nicht regelmäßig bilden.

Übungen: II.3.1; II.4.1

Besonderheiten in der Schreibung einzelner Verbformen

Die Schreibweise gibt im Spanischen eindeutig die Aussprache eines Wortes an. Deshalb ergibt sich durch die wechselnden Endungen und einige Grundregeln der Schreibung die Notwendigkeit der wechselnden Schreibung für gleichbleibende Laute. Hinzu kommen einige Regeln für *i*, *y* und die Verwendung des Akzents.

45 Verben auf -car

¿Dónde quiere Vd. que aparque? Wo wollen Sie, daß ich parke?
Aparque Vd. allí. Parken Sie dort.
Aparqué enfrente. Ich parkte gegenüber.

> Bei den *Verben auf -car* wechselt die Schreibung zwischen *c* und *qu*: apar*co*, apar*ca*, apar*que*, apar*qué*. (Vgl. casa, cosa, querer).

Es handelt sich um folgende Verben:
acercarse sich nähern, *aparcar* parken, *arrancar* wegreißen, anfahren, *buscar* suchen, *comunicar* mitteilen, *criticar* kritisieren, *chocar* stoßen, *dedicarse a* sich befassen mit, *equivocarse* sich irren, *explicar* erklären, *indicar* angeben, anzeigen, *practicar* üben, ausüben, *refrescar* erfrischen, *sacar* herausnehmen, *significar* bedeuten, *tocar* berühren, spielen.

Übungen: I.22.7; III.2.5

46 Verben auf -gar

¿Quiere que apague la luz? Wollen Sie, daß ich das Licht lösche?
No llegue Vd. tarde, por favor. Kommen Sie bitte nicht zu spät.
Pagué inmediatamente. Ich bezahlte sofort.

> Bei den *Verben auf -gar* wechselt die Schreibung zwischen *g* und *gu*: lle*go*, lle*ga*, lle*gue*, lle*gué*. (Vgl. gato, gordo, guerra).

Es handelt sich um folgende Verben:
apagar löschen, *cargar* beladen, *encargar* beauftragen, *entregar* übergeben, *jugar* spielen, *juzgar* beurteilen, *llegar* ankommen, *obligar* verpflichten, zwingen, *pagar* bezahlen, *pegar* kleben, schlagen.

Übungen: I.22.7; III.2.5

47 Verben auf -zar

¿Quiere que se lo organice todo? Soll ich Ihnen das alles organisieren?
No rechace Vd. estas condiciones. Lehnen Sie diese Bedingungen nicht ab.
Me lancé al agua. Ich sprang ins Wasser.

> Bei den *Verben auf -zar* wechselt die Schreibung zwischen *z* und *c*:
> organi*z*o, organi*z*a, organi*c*e, organi*c*é. (Vgl. zapato, zona, cenar).

Es handelt sich um folgende Verben:
alcanzar erreichen, *avanzar* fortschreiten, *destrozar* zerstören, *lanzar* werfen, *organizar* organisieren, *realizar* verwirklichen, *rechazar* zurückweisen.

Verben auf -cer 48

Yo no le convenzo, a ver si le convences tú. Ich kann ihn nicht überzeugen, vielleicht überzeugst du ihn.
Espero que le convenzas tú. Ich hoffe, du überzeugst ihn.
Mi amigo hizo todo lo que se había propuesto hacer. Mein Freund tat alles, was er sich (zu tun) vorgenommen hatte.

> Bei den *Verben auf -cer* wechselt die Schreibung zwischen *c* und *z*:
> conven*z*o, hi*z*o, conven*z*a, conven*c*e, conven*c*ió. (Vgl. zapato, zona, cena, cine).

Es handelt sich um folgende Verben:
convencer überzeugen, *vencer* siegen, sowie *hacer* (in der Form *hizo*).

Verben auf -ger und -gir 49

¿Quiere que cojamos un taxi? Wollen Sie, daß wir ein Taxi nehmen?
Escoja Vd. lo que quiera. Suchen Sie sich aus, was Sie wollen.
Yo no exijo mucho. Ich verlange nicht viel.

> Bei den Verben auf *-ger* und *-gir* wechselt die Schreibung zwischen *g* und *j*:
> co*g*e, co*g*ió, co*j*o, co*j*a. (Vgl. gente, giro postal, jamón, joven).

Es handelt sich um folgende Verben:
coger nehmen, *dirigirse a* sich wenden an, *elegir* → 12 wählen, *escoger* auswählen, *exigir* verlangen, *recoger* abholen.

Übung: I.22.7

50 Verben wie le-er, ca-er, cre-er

Al salir de la casa, por poco se cayó. Beim Verlassen des Hauses fiel er beinahe hin.
El año pasado construyeron varios nuevos hoteles. Vergangenes Jahr haben sie mehrere neue Hotels gebaut.
¿Qué estás leyendo? Was liest du da?
No hagas ruido, papá está oyendo un disco. Mach keinen Krach, Papa hört eine Schallplatte.

> Unbetontes *i* (aus den Endungen *-ió, -ieron, -iendo*) wird zwischen zwei Vokalen als *y* geschrieben. (Vgl. vaya, ayuda, ayuntamiento, cuyo, desayuno, proyecto, tuyo).

Es handelt sich um einzelne Formen folgender Verben:
caer fallen, *creer* glauben, *traer* herbringen, *construir* bauen, *oir* hören.

51 *Me gusta oler las rosas.* Ich rieche Rosen sehr gern.
¿Se da cuenta de cómo huelen? Merken Sie, wie sie riechen?
Me gusta ir por las calles estrechas. Ich gehe gern durch die engen Straßen.
Yendo por esas calles me acuerdo de tantísimas cosas... Wenn ich durch diese Straßen gehe, erinnere ich mich an so viele Dinge.

> Statt *Wortanfang ue-* wird *hue-* geschrieben, statt *Wortanfang ie-* wird *ye-* (bzw. *hie-*) geschrieben. (Vgl. hielo, huevo).

52 *Creí que no vendría Vd.* Ich glaubte, Sie würden nicht kommen.
¿Has leído el libro? Hast du das Buch gelesen?
He oído hablar de su hermano. Ich habe von Ihrem Bruder gehört.
¿Qué te pasa? ¿Te has caído? Was hast du, bist du hingefallen?
Nos reímos mucho. → 12 Wir haben sehr gelacht.
¿De qué se ríe Vd.? Worüber lachen Sie?
Pérez se reúne mañana con los otros periodistas. Er trifft morgen mit den anderen Journalisten zusammen.

> *Betontes i* oder *u* erhält Akzent, wenn es neben einem *a*, *e* oder *o* steht. (Die Betonung würde sich sonst ändern → 384).
> Die Regel gilt jedoch nicht für *Infinitive – oir, reirse* – und für den *Diphthong ui*: *construimos una casa.*

Espero que mi padre me dé dinero. Ich hoffe, mein Vater gibt mir Geld. 53
Si no, no sé qué hacer. Wenn nicht, weiß ich nicht, was ich tun soll.

Zur Unterscheidung von *de – el dinero de mi padre* – trägt *dé* (Presente de subjuntivo und Imperativ von *dar*) Akzent, ebenso *sé* (saber) zur Unterscheidung von *se – se lava la mano*. Vgl. 387. Ansonsten tragen einsilbige Verbformen keinen Akzent: *fui, fue, vio* usw.

Zum Gebrauch der Verben

Reflexive und reflexiv gebrauchte Verben (sowie Passiv)

Reflexive Verben und der reflexive Gebrauch von Verben spielen im Spanischen eine große Rolle. Es ist daher nicht möglich, in diesem Kapitel jeweils alle Verben aufzuführen, die reflexiv gebraucht werden können*.

Se quejó un cliente porque le desperté. Ein Gast beschwerte sich... 54
Nadie se atrevía a ayudarnos. Niemand wagte es, uns zu helfen.
¿De qué se ríe Vd.? Worüber lachen Sie?

Nur wenige Verben werden praktisch immer reflexiv gebraucht.

Mi hija se llama Dolores. La llamamos Lola. Meine Tochter heißt Dolores. ... 55
Decidí marcharme/me decidí a marcharme. Ich beschloß/entschloß mich wegzugehen.

Viele Verben werden reflexiv und nicht reflexiv gebraucht. Dabei ergeben sich meist keine wesentlichen Bedeutungsänderungen des Verbs.

Einige Beispiele aus der großen Zahl dieser Verben:

alegrar	freuen	*alegrarse*	sich freuen
detener	aufhalten; verhaften	*detenerse*	stehenbleiben
encontrar	finden	*encontrarse*	sich befinden
lavar	waschen	*lavarse*	sich waschen
levantar	aufheben	*levantarse*	aufstehen
llamar	nennen, rufen	*llamarse*	heißen

* Vgl. *Spanischer Mindestwortschatz*, Hueber-Nr. 4022.

56 *¿Cuánta agua cae normalmente en esta zona?* Wieviel Niederschlag fällt normalerweise in dieser Gegend?
Al salir de la casa por poco me caí. Als ich aus dem Haus ging, fiel ich fast hin.
El vaso se me ha caído. Das Glas ist mir hinuntergefallen.
Mohamed ha ahorrado 2.000 pesetas. Pero eso no es suficiente para olvidar las penas. Das reicht nicht aus, um die Leiden zu vergessen.
No se olvide Vd. de firmar. Vergessen Sie nicht zu unterschreiben.
Se me ha olvidado meter mi neceser en la maleta. Ich habe vergessen, mein Reisenecessaire in den Koffer zu tun.

> Einige Verben haben mit und ohne Reflexivpronomen dieselbe Grundbedeutung. Die reflexive Form verdeutlicht oft, daß ein Versehen mitspielt: *me caí, se me ha caído, no se olvide Vd., se me ha olvidado.*

Mi padre murió/se murió en 1965. Mein Vater starb 1965.
Me muero de hambre. Ich sterbe vor Hunger.

> *morir* und *morirse* werden in der Grundbedeutung unterschiedslos gebraucht. In Ausdrücken mit übertragener Bedeutung – *me muero de hambre* heißt nicht tatsächlich, daß ich sterbe – steht häufig *morirse.*

57 *La puerta se abre.* Die Tür geht auf/öffnet sich.
Esa carta se ha perdido. Der Brief ist verlorengegangen.
Paco se ha hecho rico. Paco ist reich geworden. → 156
Paco se ha puesto enfermo. Paco ist krank geworden. → 156
Parece que Paco se ha vuelto loco. Anscheinend ist Paco verrückt geworden. → 156
El vaso se ha roto. Das Glas ist zerbrochen/kaputt gegangen.
Paco se ha despertado. Paco ist aufgewacht.

> Bei einer Reihe von Verben, die eine *Handlung* bezeichnen – *abrir*, *perder*, *hacer*, *poner*, *volver*, *romper*, *despertar* –, führt die Verwendung des Reflexivpronomens zu einer Bedeutungsänderung: die reflexive Form bezeichnet einen *Vorgang;* eine handelnde Person ist nicht zu erkennen.

58 *Dormís con la ventana abierta, ¿no?* Ihr schlaft bei offenem Fenster, oder?
Tuve que tomar un somnífero para dormirme. Ich mußte ein Schlafmittel nehmen um einzuschlafen.

Bei einigen Verben besteht zwischen der reflexiven und der nicht reflexiven Form ein mehr oder weniger großer Bedeutungsunterschied.

Die wichtigsten Beispiele:

confundir	verwechseln	*ocurrir*	geschehen
confundirse	sich täuschen, sich irren	*ocurrírsele*	jemand einfallen
		poner → 28	setzen, stellen, legen
despertar	aufwecken	*ponerse algo*	etwas anziehen
despertarse	aufwachen	*ponerse a*	anfangen
dormir	schlafen	*prestar*	leihen
dormirse	einschlafen	*prestarse* (*a*)	sich eignen zu
fijar	festlegen, befestigen	*prometer*	versprechen
fijarse (*en*)	auf etwas achten	*prometerse*	sich verloben
ir	gehen	*quedar*	übrig bleiben
irse	weggehen	*quedarse*	dableiben
llevar	tragen, dabeihaben	*quedarse con*	etwas behalten
llevarse	mitnehmen	*quitar*	wegnehmen
meter	hineinstecken	*quitarse*	etwas ausziehen
meterse	sich einmischen	*tratar*	behandeln, versuchen
ocupar	besetzen, belegen	*tratarse de*	sich handeln um
ocuparse (*de*)	sich beschäftigen mit		

¿Cómo se las arregla Vd. para tener su despacho siempre en un orden tan perfecto? **59**
Wie schaffen Sie es nur, Ihr Büro immer in Ordnung zu halten?
Tenemos que darnos prisa. Wir müssen uns beeilen.
Se lo digo para que pueda formarse una idea. Ich sage es Ihnen, damit Sie sich ein Bild/eine Vorstellung machen können.
Muchos no pueden permitirse el lujo de tener un coche. Viele können sich ein Auto nicht leisten.
¿Cómo te ganas la vida? Wie verdienst du deinen Lebensunterhalt?

Einige reflexive Verben sind Bestandteil fester Redewendungen.

Se habla español. Man spricht Spanisch. **60**
¿En la Sierra Nevada se puede esquiar en verano? Kann man in der Sierra Nevada im Sommer skifahren?
No se sabe nunca… Man weiß nie.

Dem deutschen „man tut dies oder jenes/die Leute tun dies oder jenes“ entsprechen im Spanischen Formen wie *se habla, ¿ se puede ?, ¿ ya se sabe ?* usw., (also die reflexive Form der 3. Person Singular).

Die entsprechende unpersönliche Form zu *tener que* ist *hay que* → 67–68.

Übung: I.21.1

61 *Se pregunta uno por qué no ponen un letrero.* Man fragt sich, warum sie keine Hinweistafel aufstellen.

Wird ein Verb an sich schon reflexiv verwendet – *preguntarse* sich fragen –, so entspricht dem deutschen „man“ ein zusätzliches *uno: se pregunta uno, se acostumbra uno* usw.

Auch bei nicht reflexiven Verben wird dieses *uno* gelegentlich gebraucht, vor allem bei *ser, estar, ir, tener.*
Los rascacielos de Fuengirola hacen sombra como si uno estuviera en Nueva York. Die Wolkenkratzer machen Schatten, als wäre man in New York.

62 *La publicidad en Televisión Española es criticada muchas veces.* Die Werbung im spanischen Fernsehen wird oft kritisiert.
Varias emisiones de radio también han sido criticadas. Mehrere Radiosendungen sind auch kritisiert worden.

ser + Partizip drückt im Spanischen das *Passiv* aus (kritisiert werden, verkauft werden, gebaut werden usw.). Dabei richtet sich die Form des Partizips nach dem Subjekt. Vgl. *estar + Partizip* → 148.

In den beiden Beispielsätzen ist die handelnde Person – also hier die kritisierende Person – nicht genannt. Soll sie genannt werden, so steht *por: Fui invitado por unos amigos.* Ich wurde von Freunden eingeladen.

63 *Hay una emisión en Televisión Española que se critica mucho.* Es gibt eine Sendung im spanischen Fernsehen, die sehr kritisiert wird.
Hay varias emisiones que se critican mucho. Mehrere Sendungen werden kritisiert.

Statt des eigentlichen Passivs → 62 wird im Spanischen häufiger die Umschreibung durch das reflexive Verb gebraucht. (Dabei steht das Verb entsprechend dem Subjekt im Singular oder im Plural).

Übung: II.18.1

Der Gebrauch von haber und hay

He reservado una habitación con baño. Ich habe ein Zimmer reserviert. **64**
He viajado con Iberia. Ich bin mit Iberia gereist.

haber + Partizip dient zur Bildung der *zusammengesetzten Zeiten* (Pret. perfecto, Pret. pluscuamperfecto, Futuro perfecto, Potencial compuesto). Das Partizip ist dabei unveränderlich.

Übungen: I.6.2; I.6.3; I.6.8; I.10.1; I.7.9

Mira cuánta ropa hay. Schau, wieviel Wäsche da ist. **65**
Hay un camarero argentino en el bar. Es gibt da einen argentinischen Ober.

hay gibt an, wer oder was an einem genannten oder nicht genannten Ort existiert, vorhanden ist.

Vgl. dagegen *estar* → 68, das angibt, an welchem Ort eine bestimmte Person oder Sache sich befindet.

Übungen: I.5.5; I.19.7; II.10.1

Hay que decir que los argentinos son muy buenos. Man muß sagen, daß die Argen- **66**
tinier sehr gut sind (eine gute Mannschaft sind).

hay que + Infinitiv = man muß (sagen, arbeiten, Karten kaufen usw.).
Vgl. *tener que* → 155.

Übungen: I.7.1; I.10.10

67 *No hay que llamar al mecánico.* Man braucht den Mechaniker nicht zu rufen.
No hay que confundir las dos cosas. Man darf die beiden Dinge nicht verwechseln.

no hay que + Infinitiv: man muß nicht (anrufen), man braucht nicht (anzurufen), man darf nicht (verwechseln).

Der Gebrauch von ser und estar

68 – *¿Dónde estás?* Wo bist du?
– *(Estoy) en una cabina telefónica.* (Ich bin) in einem Telefonhäuschen.
Te espero en el bar „Florida". Ich erwarte dich im Café Florida.
¿Sabes dónde está? Weißt du, wo es ist?

estar gibt an, wo sich jemand/etwas befindet. Vgl. *hay* → 65

Weitere Beispiele von Ortsangaben (und Entfernungsangaben):
Santander está en el Norte de España. Santander ist im Norden Spaniens.
La estación está a dos pasos. Der Bahnhof ist nur ein paar Schritte entfernt.

Im folgenden Beispiel wird der Ort selbst nicht genannt:
– *¿Está el señor Peralta?* Ist Herr Peralta da?
– *Sí, está. Pase Vd.* Ja, er ist da. Kommen Sie herein.

Übungen: I.5.1; I.7.6; I.9.3; I.15.7; I.19.7

69 *Mi coche está a la disposición de Vd.* Mein Wagen steht zu Ihrer Verfügung.
Estoy a su entera disposición. Ich stehe ganz zu Ihrer Verfügung.

estar steht in einigen Ausdrücken, die man nur im übertragenen Sinn als örtliche oder räumliche Angaben verstehen kann.

70 – *¿Cómo estás? ¿Qué tal estás?* Wie geht es dir?
– *(Estoy) muy bien, gracias.* → 220 Es geht mir sehr gut, danke.
– *¿Y tu madre? ¿Qué tal está?* Und wie geht's deiner Mutter?
– *Está bastante mala.* → 220 Es geht ihr ziemlich schlecht.
Está enferma. Sie ist krank.

estar gibt an, wie es jemand geht (Angabe des Gesundheitszustands).

Weitere Beispiele:
Estoy con fiebre. Ich habe Fieber.
¿ Estás nervioso? Bist du nervös?
¿ Está Vd. cansado? Sind sie müde?

La sangría está bien fría. Die Sangria ist schön kalt. **71**
La tortilla está muy bien preparada. Die Tortilla ist gut gemacht.
El camión está averiado. Der Lastwagen ist nicht in Ordnung/hat eine Panne.
Luisa está contenta de su trabajo. Luisa ist mit ihrer Arbeit zufrieden.
La mesa está libre. Der Tisch ist frei.

estar wird verwendet zur Bezeichnung verschiedener Zustände. Diese Zustände sind sehr oft das Ergebnis einer Handlung: *preparan bien la tortilla – la tortilla está bien preparada.* (Vgl. 70).

Manchmal wird gesagt, daß mit *estar* Zustände oder Eigenschaften angegeben werden, die veränderlich sind. Dies stimmt nicht, denn es gibt ja auch Dauerzustände, die nicht mehr zu ändern sind. Beispiel: *El camión está averiado.* Auch wenn dieser Lastwagen gar nicht mehr zu reparieren wäre, würde es sich nicht um eine „wesentliche Eigenschaft" handeln (vgl. 74, ser), sondern um das Ergebnis eines Unfalls oder jahrelangen Gebrauchs. *El perro está muerto.* Der Hund ist tot.

Übung: I.9.9

Todos están sentados en el comedor. Alle sitzen im Speisesaal. **72**
El camarero está de pie. Der Kellner steht.

estar wird verwendet zur Bezeichnung der Stellung oder Lage.

– *¿ Quién es ese señor?* Wer ist der Herr dort? **73**
– *Es el señor Peralta.* Das ist Herr Peralta.
– *¿ Qué es? ¿ Qué profesión tiene?* Was ist Peralta von Beruf?
– *Es fotógrafo.* Er ist Photograph.
– *¿ Es español?* Ist er Spanier?
– *No, es sudamericano.* Nein, er ist Südamerikaner.

– *¿Y la chica? ¿Quién es?* Und das Mädchen? Wer ist das?
– *Es su novia.* Das ist seine Freundin.
– *¿Y qué es eso?* Und was ist das (was du da hast)?
– *Es un regalo. Toma.* Das ist ein Geschenk. Nimm (es).
– *Ah, es mi perfume preferido.* Ah, das ist ja mein Lieblingsparfüm!

> *ser* gibt an, wer eine Person ist, was eine Person ist (Beruf, Nationalität) und was eine Sache ist.
> *ser* dient also dazu, Personen und Dinge zu identifizieren oder zu definieren.

„Ser“ ist demnach vergleichbar mit dem mathematischen Zeichen =.
Ese señor = Peralta. Peralta = fotógrafo. Peralta = sudamericano. Esto = un regalo. El regalo = el perfume preferido de Carmen.

Weitere Beispiele für diese „Ist-gleich-Bedeutung“ von *ser*:
Una de las empleadas es amiga de ellos. Eine der Verkäuferinnen ist eine Freundin von ihnen.
Mañana es mi cumpleaños. Morgen ist mein Geburtstag.
Hoy es sábado. Heute ist Samstag.
Hoy es el dos de mayo, ¿no? Heute ist der zweite Mai, nicht wahr?

Zu unterscheiden ist **ser** und **estar de:**
Pepe es conserje en el hotel Alcázar. Pepe ist Portier im Hotel Alcázar.
Pero Pepe está enfermo. Aber er ist zur Zeit krank.
Paco es estudiante. Paco ist Student.
De momento está de conserje en el hotel Alcázar. Im Augenblick ist er als Portier im Hotel Alcázar.

Mit *ser* wird also der eigentliche Beruf angegeben, mit *estar de* meist ein Posten, der nicht dem eigentlichen Beruf entsprechen muß.

Übungen: I.3.7; I.5.2; I.5.9; I.7.2; I.7.3

74 *¡Qué guapa es la chica!* Wie hübsch das Mädchen ist!
El trabajo de Montserrat es interesante. Die Arbeit ist interessant.
Esta maleta es muy práctica, es de plástico. Der Koffer ist praktisch, er ist aus Plastik.
El vino es de España. Der Wein ist aus Spanien.

> Mit *ser* werden Eigenschaften angegeben, die als wesentliches Beschreibungs- oder Erkennungsmerkmal gelten können.

Ein solches Merkmal kann durchaus zeitlich begrenzt sein:
La casa es nueva. Das Haus ist neu, (aber nur einige Jahre).
Paco es soltero. Paco ist unverheiratet (heiratet aber vielleicht bald).

Übungen: I.3.8; I.13.7

La casa es nueva. Das Haus ist neu/neu gebaut. **75**
La casa está (como) nueva. Das Haus ist wie neu, sehr gut erhalten.

In bestimmten Fällen kann durch Verwendung von *estar* betont werden, daß die genannte Eigenschaft nicht als Grundeigenschaft gesehen wird, sondern eher als Zustand → 71.

Estos zapatos son viejos. Die Schuhe sind alt, (ich habe sie schon lange).
Los zapatos están viejos. Die Schuhe sind alt, sie sind nicht mehr schön.
(Ich sage aber nicht, ob ich sie schon lange oder erst ein Jahr habe).
¡Qué guapa es Carmen! Wie hübsch Carmen ist!
¡Qué guapa está Carmen! (Sie ist im letzten Jahr besonders hübsch *geworden* oder sie war beim Friseur oder ihr Kleid steht ihr besonders gut).
Pedro es muy malo, es un chico malo. Pedro ist ein böser Junge.
Pedro está bastante malo. → 70 Es geht Pedro nicht gut.
El Norte es muy frío. Der Norden ist kalt.
El vino está bien frío. Der Wein ist gut gekühlt.
Mi novia es morena. Meine Freundin ist dunkel/dunkelhaarig.
Lola está al sol todo el día. ¡Qué morena está! Wie braungebrannt sie ist!

Ähnliche Beispiele gibt es mit *caliente*, *nuevo*, *joven*, *alegre*, *duro* usw. Dagegen können ähnliche Unterschiede nicht ausgedrückt werden bei *rico*, *pobre* und *feliz*. Hier steht immer *ser*:
Mariano no es rico. Es pobre, pero siempre es feliz. Mariano ist nicht reich. Er ist arm, aber immer glücklich.
(Ausnahme *rico* → 76).

Ohne bewußten Unterschied wird gebraucht:
María está casada/María es casada. Maria ist verheiratet.

Übungen: I.13.7; I.10.10; II.18.3

– *¿Cómo está la comida? ¿Es buena?* Wie ist das Essen? Ist es gut? **76**
– *Sí, no está nada mal. Es muy buena.* Gar nicht übel. Es ist sehr gut.
¡Qué rica está la sopa! Wie schmackhaft die Suppe ist!

Im Gespräch über die Qualität des Essens und Trinkens scheinen Regeln über die *Verwendung von ser und estar* keine allgemeine Gültigkeit zu haben. (Halten Sie sich an Sätze, die Sie gehört haben, und erfinden Sie keine neuen.)

Übung: I.23.6

77 – *¿ Cuántos sois?* Wie viele seid ihr?
– *Con mi hermano somos cinco.* Mit meinem Bruder sind wir fünf.

ser wird verwendet, wenn Zahlen angegeben werden.

Übung: I.7.5

78 – *Ya es tarde.* Es ist schon spät.
– *¿ Tarde? ¿ Qué hora es? ¿ Ya son las dos?* Wieviel Uhr ist es? Schon zwei?
– *No, es la una.* Nein, es ist ein Uhr.

ser wird zu Zeitangaben (Tageszeit, Uhrzeit) verwendet.

Einige Beispiele:

1.00	Es la una.	4.45	Son las cinco menos cuarto.
2.00	Son las dos.	16.50	Son las cinco menos diez.
3.15	Son las tres y cuarto.	8.00	Son las ocho de la mañana.
15.30	Son las tres y media.	20.00	Son las ocho de la tarde/noche.
		2.00	Son las dos de la madrugada.

Ya es hora. Es ist Zeit.
Todavía es temprano. Es ist noch früh.
Era de día/de noche. Es war Tag / es war Nacht.

In den folgenden Sätzen ist die Zeit als Zeit*raum* gesehen → 69:
¿ A cuántos estamos? Den wievielten haben wir heute?
Estamos a 12 de mayo / es el 12 de mayo. Heute ist der 12. Mai.

Übungen: I.14.6; III.3.6

Der Gebrauch des Subjuntivo

Verwendung des Subjuntivo als Imperativ → 105, 106 **79**

Quizás sea lo mejor proponerle otra cosa. Vielleicht ist es das beste, ihm etwas anderes vorzuschlagen.
Sí, quizás es lo mejor. Ja, vielleicht ist es das beste.

Ohne deutliche Unterscheidung wird *Subjuntivo/Indikativ* nach *quizás* verwendet.

Das gleiche gilt für *tal vez*, jedoch nicht für *a lo mejor*:
Tal vez viene/venga mañana. Vielleicht kommt er morgen.
A lo mejor me viene a buscar. Vielleicht holt er mich ab.

Dies ist – außer dem Imperativ – praktisch die einzige Verwendung des Subjuntivo im Hauptsatz. Er kommt sonst fast nur im Nebensatz vor.

Subjuntivo im daß-Satz als Ausdruck der Willensäußerung

No quiero que vengas conmigo. Ich will nicht, daß du mit mir kommst. **80**
¿Quieres que te espere en el bar? Soll ich dich im Café erwarten?
Prefiero que me esperes aquí. Es ist mir lieber, wenn du hier wartest.
Te ruego que no tardes mucho. Ich bitte dich, brauche nicht so lang.
Me han pedido que vaya a verles hoy. Sie haben mich gebeten, sie heute zu besuchen.
Han insistido en que me quede hasta mañana. Sie haben gedrängt/darauf bestanden, daß ich bis morgen bleibe.
El médico me ha dicho que deje de fumar. Der Arzt hat mir gesagt, ich *soll* aufhören zu rauchen.
Mi madre me ha escrito que no beba mucho, ¡como si yo bebiera mucho!
Meine Mutter hat mir geschrieben, ich soll nicht soviel trinken. Als ob ich viel trinken würde!

que + Subjuntivo steht nach Verben, die einen Wunsch (oder Befehl) ausdrücken.

Nach *decir que* und *escribir que* steht nur Subjuntivo, wenn ein Wunsch oder Befehl ausgedrückt werden soll. Handelt es sich um eine Mitteilung, so steht Indikativ:
Le he dicho que no voy. Ich habe ihm gesagt, daß ich nicht hinfahre.
Le escribiré que está loco. Ich werde ihm schreiben, daß er verrückt ist.

Übungen: II.1.1–4; II.1.8; II.5.3; II.13.3; II.14.7; II.17.1; II.17.5–7; II.18.6; III.4.5.

81 *¿Me permites que te diga una cosa?* Darf ich dir etwas sagen?
¿No te ha prohibido el médico que fumes? Hat dir der Arzt nicht verboten zu rauchen?
No admito que diga Vd. eso. Ich lasse nicht zu, daß Sie das sagen.

que + Subjuntivo steht nach Verben, die eine Erlaubnis oder ein Verbot ausdrücken.

Nach *permitir* und *prohibir* steht oft auch Infinitiv:
Mi padre no me permite salir. Además, me ha prohibido fumar.

Nach „*admitir*" in der Bedeutung *zugeben* steht Indikativ:
Admito que Vd. tiene razón. Ich gebe zu, daß Sie recht haben.

Übungen: II.1.4; III.5.4; III.5.3

82 *El padre de Tere le aconseja que estudie idiomas.* Teresas Vater rät ihr, Sprachen zu lernen.
Pero ella le advierte que no se haga ilusiones. Aber sie warnt ihn davor, sich Illusionen zu machen. (Sie macht ihn darauf aufmerksam, er *solle*...).
El le propone que vaya un año al extranjero. Er schlägt ihr vor, ein Jahr ins Ausland zu gehen.
Le recomienda que escuche mucho la radio francesa. Er empfiehlt ihr, viel den französischen Rundfunk zu hören.

que + Subjuntivo steht nach Verben, die einen Rat oder eine Warnung ausdrücken.

Nach „advertir" im Sinne von *informieren* steht Indikativ:
Le advierto que no es cierto lo que dice. Ich mache Sie darauf aufmerksam, daß das nicht stimmt, was Sie sagen.

Übungen: II.12.1; III.6.1

83 *Quiero conseguir que mi mujer quede contenta.* Ich will erreichen, daß meine Frau zufrieden ist.
¿Pero cómo voy a lograr que no venga mi tía? Aber wie soll ich erreichen, daß meine Tante nicht kommt?
Tengo que evitar que haya muchas discusiones. Ich muß vermeiden, daß es große Diskussionen gibt.
Pero es imposible impedir que mi mujer le diga lo que piensa. Aber es ist unmöglich zu verhindern, daß meine Frau ihr sagt, was sie denkt.

que + Subjuntivo steht nach Verben, die die Bemühung ausdrücken, etwas zu erreichen oder zu verhindern.

Übungen: II.19.2; II.19.4

Subjuntivo im daß-Satz als Ausdruck von Gefühlen

Me alegro (de) que hables tan bien el español. Ich freue mich, daß du so gut Spanisch sprichst. 84
Te agradezco que hayas venido. Ich danke dir, daß du gekommen bist.
Me gusta que haya gente joven. Ich habe es gern, wenn junge Leute da sind.

que + Subjuntivo steht nach Verben oder Ausdrücken, die Freude oder Anerkennung ausdrücken.

Nach *menos mal que* steht jedoch Indikativ:
Menos mal que hablas tan bien el español. Ein Glück, daß du so gut Spanisch sprichst.

Übungen: II.16.4; III.16.3

Me sorprende que tú digas eso. Es wundert/überrascht mich, daß du das sagst. 85
¿Le molesta que fume? ¿Le importa que fume? Stört es Sie, wenn ich rauche?

que + Subjuntivo steht nach Ausdrücken des Erstaunens oder Ärgers.

Übung: III.9.2

Temo que sea tarde, será imposible conseguir billetes. Ich fürchte, es ist zu spät... 86
Espero que mañana me hagan la revisión del coche. Ich hoffe, die machen mir morgen den Kundendienst (in der Autowerkstatt).
Les preocupa que pueda pasar lo mismo que en otros sitios. Es macht ihnen Sorgen, daß dasselbe passieren kann wie anderswo.

que + Subjuntivo steht nach Ausdrücken der Furcht und der Hoffnung.

Nach *esperar* im Sinne von *sicher damit rechnen* steht Futur Indikativ:
Espero que vendrá pronto. Ich rechne damit, daß er bald kommt.

Übungen: II.2.1; II.2.2; II.5.2; II.6.5; II.4.5

87 *Siento mucho que haya problemas entre mi madre y mi marido.* Es tut mir sehr leid, daß es zwischen meiner Mutter und meinem Mann Probleme gibt.
Es una lástima que estos jóvenes no se den cuenta de que otros se aprovechan de ellos. Schade, daß die jungen Kerle nicht merken, daß sie ausgenützt werden.
Perdona que te moleste con un problema mío. Entschuldige, daß ich dich mit einem Problem von mir belästige.

que + Subjuntivo steht nach Ausdrücken des Bedauerns.

Subjuntivo im daß-Satz als Ausdruck der Nichtwirklichkeit

88 *No creo que haya una mujer verdaderamente fea.* Ich glaube nicht, daß es eine wirklich häßliche Frau gibt.
Los pesimistas dudan que pueda haber una solución. Die Pessimisten bezweifeln, daß es eine Lösung geben kann.

que + Subjuntivo steht nach Ausdrücken des Nichtglaubens und Bezweifelns: der Inhalt des daß-Satzes erscheint danach als zweifelhaft.

Die Regel gilt nur, wenn jemand bewußt etwas anzweifelt, also nicht für wahr oder möglich hält. Sie gilt jedoch nicht für Aussagen, die einen gewissen Rest an Unsicherheit enthalten, weil kein festes Wissen vorhanden ist:
Creemos que es lo más bonito del mundo. Wir glauben, daß das das Schönste auf der Welt ist.
Supongo que el señor Pérez está. Ich nehme an, Pérez ist da.
Me parece que ponen una película bastante interesante. Ich glaube, es läuft ein recht interessanter Film.
No cabe duda de que viene. Es gibt keinen Zweifel daran, daß er kommt.

Übungen: II.9.1; II.9.2; II.11.6; II.13.1; III.3.3; III.8.1

Subjuntivo im daß-Satz nach unpersönlichen Ausdrücken

Als „unpersönlich" bezeichnen wir Ausdrücke wie *es posible* oder *puede ser* – *es* ist möglich, *es* kann sein.
Die Verwendung des Subjuntivo nach derartigen Ausdrücken läßt sich in vielen Fällen in die Regeln 80–88 einordnen: Ausdruck des Gefühls, Ausdruck des Bedauerns, Ausdruck des Rats und der Empfehlung usw. In einigen Fällen allerdings ist die Verwendung des Subjuntivo nach solchen Ausdrücken kaum anders zu erklären als damit, daß die rein äußerliche, formale Ähnlichkeit der Konstruktion eine Angleichung bewirkt hat.

¿Cómo es posible que hable Vd. tan bien el español? Wie ist es möglich, daß Sie so gut Spanisch sprechen? **89**

Es imposible que esto continúe así. Es ist unmöglich, daß das so weitergeht.

Puede ser que vayamos en auto-expreso. Es kann sein, daß wir mit dem Autozug fahren.

Es probable que las literas estén completas. Es ist wahrscheinlich, daß die Liegewagen schon voll sind.

Es poco probable que todavía haya billetes. Es ist wenig wahrscheinlich, daß es noch Karten gibt.

Es muy probable que vayamos de noche. Es ist sehr wahrscheinlich, daß wir nachts fahren.

que + Subjuntivo steht nach unpersönlichen Ausdrücken, die eine Möglichkeit oder Wahrscheinlichkeit angeben. (Der Subjuntivo drückt dabei eine gewisse Unsicherheit aus.)

Ein Vergleich des Beispiels *es muy probable que vayamos* mit dem Satz *supongo que Pérez está* → 88, zeigt, daß hier Subjuntivo nicht nach Überlegungen größeren oder geringeren Zweifels gesetzt wird, sondern einfach „nach unpersönlichen Ausdrücken". Trotzdem steht bei noch größerer Sicherheit Indikativ auch nach unpersönlichen Ausdrücken:

(Es) seguro que no me reconoce. Es ist sicher, daß er mich nicht wiedererkennt.

¿Es cierto que te has aburrido? Stimmt es, daß du dich gelangweilt hast?

Es indudable que Vd. tiene razón. Es ist nicht anzuzweifeln, daß Sie recht haben.

Übungen: II.16.9; III.6.2; III.18.3

No es extraño que la gente se interese por la calidad de los productos. Es ist nicht verwunderlich, daß die Leute sich für die Qualität der Waren interessieren. **90**

Es extraño que no haya más revistas técnicas de este tipo. Es ist merkwürdig, daß es nicht mehr Fachzeitschriften dieser Art gibt.

Es natural que les den las viviendas de renta limitada a los matrimonios que tienen hijos. Es ist doch ganz natürlich, daß man die Sozialwohnungen den Ehepaaren gibt, die Kinder haben.

Es una lástima que estos jóvenes no se den cuenta de que otros se aprovechan de ellos. Schade, daß die jungen Kerle nicht merken, daß andere sie ausnützen.

Es estupendo que Teresa dé clases a gente obrera. Es ist prima, daß Tere Arbeitern Unterricht gibt.

que + Subjuntivo steht nach unpersönlichen Ausdrücken, die verschiedene Gefühle andeuten (Freude oder Zustimmung: *es estupendo, es natural;* Erstaunen oder Ärger: *es extraño;* Bedauern: *es lástima/es una lástima*).

Nicht bei allen diesen Beispielen müssen immer Gefühle zum Ausdruck gebracht werden, und doch steht nach den angegebenen Ausdrücken immer Subjuntivo.
Indikativ steht dagegen immer nach *es evidente* oder *es claro*:
Es evidente que con el alcohol puede uno destrozarse la vida. Es ist ganz offensichtlich, daß man sich mit Alkohol das Leben kaputtmachen kann.
Pérez es periodista. Es claro que viaja mucho. Es ist klar, daß er viel reist.

Übungen: II.12.3; III.4.4; III.9.2

91 *Es conveniente que preguntes hoy mismo.* Es ist zweckmäßig/sinnvoll, daß du noch heute fragst.
Conviene que te informes. Es ist zweckmäßig, daß du dich informierst.
Es inútil que Vd. espere más. Es ist nutzlos/zwecklos, wenn Sie länger warten.
Es mejor que se vaya a casa. Es ist besser, Sie gehen nach Haus.

que + Subjuntivo steht nach unpersönlichen Ausdrücken, die einen Rat oder eine Empfehlung bedeuten. Vgl. 82

Wenn die sprechende Person ihren Rat auch für sich selbst, also nicht nur für die angesprochene Person, für richtig hält, so steht meist Infinitiv:
Es conveniente preguntar. Es ist am besten, man fragt.
Conviene informarse. Es ist sinnvoll, sich zu erkundigen.
Es inútil esperar más. Es hat keinen Sinn, länger zu warten.
Es mejor ir a casa. Das beste ist es, nach Haus zu gehen.

Übung: II.2.3

92 *No es necesario que me despierten.* Es ist nicht notwendig, daß Sie mich wecken.
Teresa cree que es importante que su trabajo sea útil a la sociedad. Teresa hält es für wichtig, daß ihre Arbeit nützlich für die Gesellschaft ist.
Le parece (que es) de gran importancia que en sus relaciones sexuales se sientan felices. Es erscheint ihr sehr wichtig, daß sie in ihren sexuellen Beziehungen glücklich sind.
Para un cantante es fundamental que tenga voz y sienta la música. Für einen Sänger ist es wesentlich, daß er eine gute Stimme hat und daß er musikalisch ist/die Musik empfindet.
Es esencial que los jóvenes vayan al extranjero. Es ist wichtig, daß die jungen Leute ins Ausland kommen.

que + Subjuntivo steht nach unpersönlichen Ausdrücken, die eine Notwendigkeit angeben. (Damit kann ein Wunsch oder eine Empfehlung umschrieben werden: vgl. 80, 82.)

Als Umschreibung eines Wunsches kann auch *no (me) importa* verstanden werden: *¿ Le importa que me vaya?* Macht es Ihnen etwas aus, wenn ich gehe? (Vgl. *¿ Quiere Vd. que me quede?* → 80 oder *¿ Le molesta que me vaya?* → 85).
No les importa que aquí tengamos problemas. Es ist ihnen ganz gleich, wenn wir hier Probleme haben.

Übungen: II.2.4; II.12.2

Subjuntivo im Relativsatz

Teresa se casará sólo con un hombre que sea capaz de comprenderla. Teresa wird 93
nur einen Mann heiraten, der sie verstehen kann. (Der Mann *muß* sie verstehen können).
Estoy buscando un trabajo que sea un poco más interesante que el que tengo. Ich suche eine Arbeit, die ein bißchen interessanter ist (= sein soll).
Necesito una secretaria que lleve la correspondencia en francés. Ich brauche eine Sekretärin, die die Korrespondenz auf französisch führt.

Subjuntivo steht, wenn im Relativsatz ein Wunsch oder eine Bedingung enthalten ist. Das ist z.B. der Fall nach Verben wie *buscar, necesitar* usw.

Indikativ im Relativsatz beschreibt den tatsächlichen Zustand:
Teresa se ha casado con un hombre que es capaz de comprenderla.
Ahora tengo un trabajo que es más interesante que el que tenía antes.
Tengo una secretaria estupenda que lleva la correspondencia en francés.

Übungen: II.12.4; II.12.5; II.20.5; III.6.3; III.6.4; III.12.4; III.16.1; III.16.2

Pídale lo que quiera a nuestro servicio especial. Verlangen Sie von unserem Sonder- 94
dienst, was (immer) Sie wollen.
Lo tendrá en su casa cuando quiera. Sie werden es ins Haus bekommen, wann (immer) Sie wollen.

In den hier angegebenen Beispielen steht *Subjuntivo im Relativsatz*, weil der Inhalt des Relativsatzes noch nicht eindeutig festgelegt ist (und – wenn überhaupt – erst später durch eine Äußerung oder Entscheidung des Gesprächspartners deutlich wird).

Im folgenden Beispiel ist es etwas anders:
– *No le acompaño. Prefiero esperarle aquí. – Como quiera.*
Ich gehe nicht mit. Ich warte lieber hier auf Sie. – Wie Sie wollen.
Hier ist zwar bekannt, was der Gesprächspartner will bzw. nicht will, wir lassen ihm aber aus Höflichkeit trotzdem alle Möglichkeiten offen:
Wie (immer) Sie wollen, (ich werde Ihren Wunsch in jedem Fall respektieren).

Übungen: II.3.6; II.8.6; III.2.4

Subjuntivo nach bestimmten Konjunktionen

Einige Konjunktionen verlangen im Nebensatz immer Subjuntivo. Sie geben dem Nebensatz einen Sinn, der auch im daß-Satz (80–92) oder im Relativsatz (93–94) bei der Anwendung des Subjuntivo eine Rolle spielt:
Wunsch und Absicht, Unwahrscheinlichkeit oder Nichtwirklichkeit, Bedingung.

95 *Deseo hacerles caso a todos para que todos salgan ganando.* Ich möchte auf alle hören, damit am Ende alle profitieren.

In dem Satz *para que + Subjuntivo* kommt ein Wunsch oder eine Absicht zum Ausdruck. (Quiero que todos salgan ganando → 80).

Übungen: II.6.1; II.10.6; II.13.2

96 *Vds. pueden conocer nuestro centro comercial antes que se abra al público en general.* Sie können unser Einkaufszentrum kennenlernen, bevor es für das allgemeine Publikum eröffnet wird.
No voy a escribir la carta sin que me lo diga el jefe. Ich werde den Brief nicht schreiben, ohne daß der Chef es mir sagt.
Caso que yo te pueda mandar algo de París, lo haré con mucho gusto. Falls ich dir etwas aus Paris schicken kann, werde ich es gern tun.

antes que + Subjuntivo drückt etwas aus, was noch nicht Wirklichkeit ist. (El centro se abrirá, pero todavía no se abre).
sin que + Subjuntivo drückt ebenfalls etwas aus, was noch nicht Wirklichkeit ist, vielleicht auch nicht Wirklichkeit wird. (El jefe no me lo ha dicho).
caso que + Subjuntivo drückt eine Möglichkeit aus. (→ 89).

Wesentlich häufiger als *caso que* wird *si* verwendet, jedoch mit Indikativ:
Si te puedo mandar algo de París, dímelo y lo haré con mucho gusto.

Übungen: II.8.5; II.10.7; II.11.4

Hacemos como si comprendiéramos. Wir tun, als würden wir verstehen. **97**
Hay sitios donde los españoles se sienten como si España no fuese su país. Es gibt Orte, wo die Spanier sich fühlen, als wäre Spanien nicht ihr Land.

como si + Subjuntivo drückt Nichtwirklichkeit aus (als ob er käme, könnte, wäre usw.).

Wenn wir im Deutschen in entsprechenden Sätzen gelegentlich die „würde"-Form verwenden, so nur deshalb, weil uns die Form, die dem spanischen Pretérito imperfecto de subjuntivo entspricht, zu merkwürdig vorkommt: als ob wir verstünden, als ob er auswiche, als ob sie wüsche...

Übungen: II.16.5; II.16.6

Indikativ/Subjuntivo nach bestimmten Konjunktionen

In 95–97 stehen Fälle, in denen Sie nicht zwischen zwei Möglichkeiten wählen müssen, wenn Sie sich korrekt ausdrücken wollen. Nach den dort genannten Konjunktionen (*para que*, *antes que*, *sin que*, *caso que*) steht mit Sicherheit automatisch Subjuntivo. In den folgenden Fällen müssen Sie jeweils zwischen Indikativ und Subjuntivo wählen, je nachdem, was Sie ausdrücken wollen. Meist geht es auf der einen Seite (Indikativ) um die Erwähnung von etwas, was bereits bekannte Tatsache, also Wirklichkeit ist, auf der anderen Seite (Subjuntivo) um die Erwähnung von etwas, was man annimmt, vermutet, erwartet (selbst wenn man es mit aller Sicherheit erwartet), also von etwas, was noch nicht absolut sichere Tatsache ist.

Hemos construido muchísimos aparcamientos, de modo que este problema está resuelto. **98**
Wir haben viele Parkplätze/Parkgaragen gebaut, so daß dieses Problem gelöst ist.
Debemos mejorar los transportes colectivos de modo que los barceloneses los prefieran a sus coches particulares. Wir müssen die öffentlichen Verkehrsmittel so verbessern, daß die Leute sie ihren Privatautos vorziehen.

Im Beispiel *de modo que + Indikativ* wird eine Tatsache beschrieben. Im Beispiel *de modo que + Subjuntivo* wird ein Wunsch, eine Absicht, ein Ziel geäußert. (*Queremos que los prefieran* → 80).

Die gleiche Regel gilt für *de manera que* und *de (tal) forma que*, die in gleicher Bedeutung verwendet werden wie *de modo que*.

Übungen: II.6.3; II.6.4

99 *Me ha pedido 500 pesetas por el reloj, aunque no anda.* Er hat 500 Peseten für die Uhr verlangt, obwohl sie nicht geht.
¿Has visto ese reloj? Lo compraré aunque no ande. Ich werde die Uhr kaufen, selbst wenn sie vielleicht gar nicht geht.
En los mercados, los árabes siempre son los últimos, aunque lleguen antes. Auf den Märkten kommen die Araber immer als letzte dran, selbst wenn sie früher kommen (als andere Kunden).
Mi hijo fuma. Aunque se lo prohibiera – cosa que no hago – no lo dejaría. Selbst wenn ich es ihm verbieten würde – was ich nicht tue –, würde er das Rauchen nicht aufgeben.
Mi hijo empezó a fumar. Aunque se lo hubiera prohibido, no lo hubiera dejado → 101. Selbst wenn ich es ihm verboten hätte, hätte er das Rauchen nicht aufgegeben.

aunque + *Indikativ* beschreibt eine Tatsache (obwohl es so ist). *aunque* + *Subjuntivo* beschreibt etwas, was wir nur einmal annehmen, was wir uns als Möglichkeit – in der Gegenwart oder Vergangenheit – vorstellen. Selbst wenn es vielleicht so ist…, (selbst wenn es so wäre…, selbst wenn es so gewesen wäre…).

Übungen: II.14.3; II.14.4; III.5.3; III.5.4

100 *Cuando Pérez conduce un coche alquilado, no se siente nunca a gusto.* Wenn Pérez einen Leihwagen fährt, fühlt er sich nie ganz wohl.
Cuando Teresa se case querrá trabajar media jornada. Wenn Teresa einmal heiratet, wird sie halbtags arbeiten wollen.
Tan pronto como tenga hijos dejará de trabajar con regularidad. Sobald sie einmal Kinder hat, wird sie aufhören regelmäßig zu arbeiten.
Montserrat habla de su trabajo mientras Ana la peina. Montserrat erzählt von ihrer Arbeit, während Anna sie frisiert.
Después de casarse, Teresa seguirá trabajando mientras no tenga hijos. Wenn sie heiratet, wird Teresa weiterarbeiten solange sie noch keine Kinder hat.
Seguirá trabajando hasta que tenga el primer hijo. Sie wird weiterarbeiten, bis sie das erste Kind bekommt.
Siguió trabajando hasta que tuvo el primer hijo. Sie arbeitete weiter, bis sie das erste Kind bekam.

cuando + Indikativ (*cuando conduce*) drückt eine Erfahrungstatsache aus.
mientras + Indikativ (*mientras la peina*) kann entweder auch eine Erfahrungstatsache ausdrücken – das ist immer so – oder den gleichzeitigen Ablauf von zwei Handlungen beschreiben.
hasta que + Indikativ (*hasta que tuvo*) spricht von einem genau bekannten Zeitpunkt in der Vergangenheit.

In den anderen Beispielen – *cuando se case, tan pronto como tenga hijos, mientras no tenga hijos, hasta que tenga un hijo* – ist von der Zukunft die Rede. Dadurch ist etwas nicht völlig Vorhersehbares im Spiel.
cuando se case: noch ist der Zeitpunkt nicht gekommen (obwohl er vielleicht schon fest geplant ist!).
tan pronto como tenga hijos: noch ist der Zeitpunkt nicht gekommen (obwohl er vielleicht schon ziemlich genau vorhersehbar erscheint).
mientras no tenga hijos: die Dauer dieses Zustands (bzw. der Zeitpunkt, in dem er sich ändern wird) ist nicht genau vorherzusagen.
hasta que tenga hijos: der Zeitpunkt (bzw. die Länge der Zeit bis dahin) ist nicht genau vorherzusagen.

Übungen: II.12.6; II.12.7; II.17.7; II.17.8; II.17.9; III.3.4; III.3.8; III.6.5

si + Indikativ → 361 **si + Subjuntivo** → 103, 104, 361

Potencial

¿Qué le gustaría ser? Was würden Sie gern sein (wenn Sie die Wahl hätten)? **101**
¿Qué haría Vd. si fuera uno de los grandes del mundo político? Was würden Sie tun/täten Sie, wenn Sie ein großer Politiker wären?
No hubiera hecho/habría hecho la película si... Ich hätte den Film nicht gemacht, wenn...

Potencial simple drückt eine Handlung aus, die unter bestimmten Voraussetzungen Wirklichkeit sein oder werden könnte.
Potencial compuesto drückt eine Handlung aus, die unter bestimmten Voraussetzungen zustande gekommen wäre.
Das eigentliche *Potencial compuesto – habría + Partizip* – wird sehr häufig ersetzt durch *hubiera + Partizip*.

Übungen: II.9.5; II.9.6; II.10.4; II.11.1; II.11.2; III.11.3

102 *¿Me haría Vd. un favor?* Würden Sie mir einen Gefallen tun?
Quisiera hablar con Vd. Ich möchte gern mit Ihnen sprechen.

> *Potencial* wird verwendet zur höflichen Äußerung eines Wunsches. Statt des Potencial *querría* wird fast nur *quisiera* verwendet.

Potencial und Subjuntivo im Bedingungssatz

103 *Si tuviera un millón, me compraría un coche.* Wenn ich eine Million hätte, würde ich mir ein Auto kaufen.
Si fuera político, trataría de conseguir la paz. Wenn ich Politiker wäre, würde ich versuchen, den Frieden zu erreichen.
Si tuviese tiempo, te acompañaría. Wenn ich Zeit hätte, würde ich dich begleiten.

> Die Erfüllung der Bedingung im wenn-Satz erscheint unwahrscheinlich oder unmöglich. Im *wenn-Satz* (Nebensatz) steht Pretérito imperfecto de subjuntivo – *tuviera/tuviese, fuera/fuese* usw. –, im *Hauptsatz* steht Potencial – *compraría, trataría, haría, diría* usw.

Das spanische Satzschema ist sehr klar, wenn man bewußt Haupt- und Nebensatz unterscheidet. Hierzu sollten Sie auf keinen Fall Übersetzungsparallelen zu ähnlichen deutschen Sätzen suchen, denn
1. gibt es im Deutschen „wenn-Sätze" ohne die Konjunktion wenn, so daß ein wichtiges Erkennungsmerkmal des Nebensatzes fehlt:
Si no fuese domingo... Wäre nicht Sonntag, so...
2. kann im Deutschen im Haupt- und Nebensatz die gleiche Verbform stehen, so daß ein weiteres Erkennungsmerkmal fehlt:
Si no estuvieras tú, no estaría tan contento. Wenn du nicht da *wärst*, *wäre* ich nicht so fröhlich.
3. werden Verformen wie wäre, käme, hätte usw. im Deutschen sehr oft mit würde + Infinitiv umschrieben, und zwar ohne Rücksicht auf ihre Stellung im Haupt- oder Nebensatz:
Si durmiera la pequeña podría acompañarte. Wenn die Kleine schlafen würde, könnte ich dich begleiten.

Übungen: II.11.3; II.13.6; II.14.5; II.14.6; II.14.9; II.15.7; II.15.8; II.15.9; II.16.7; II.16.8; II.17.11; II.18.4; III.5.1

104 *Si hubiese tenido un accidente, te lo diría.* Wenn ich einen Unfall gehabt hätte, würde ich es dir sagen.

Si el accidente hubiera sido grave no estaría aquí. Wenn der Unfall ernst gewesen wäre, wäre ich nicht hier.
Si no me lo hubiese/hubiera permitido mi padre, no lo hubiera hecho.
Si no me lo hubiese/hubiera permitido mi padre, no lo habría hecho. Wenn mein Vater es mir nicht erlaubt hätte, hätte ich es nicht gemacht.

> Die im wenn-Satz genannte Voraussetzung war nicht gegeben.
> Die Verteilung der Formen auf Haupt- und Nebensatz ist wie in 103:
> Im *wenn-Satz* (Nebensatz) steht *Subjuntivo*: *si hubiera/hubiese tenido, si hubiera/hubiese sido* usw.
> Im *Hauptsatz* steht *Potencial*: *diría, estaría* bzw. *habría hecho* usw.
> Als Ersatzform für Potencial compuesto – *habría hecho, habría escrito* usw. – steht fast immer die zusammengesetzte Form mit *hubiera*: *hubiera hecho, hubiera escrito, hubiera trabajado* usw.

Übung: III.1.1

Imperativ (Befehlsform)

Wichtig ist im Spanischen die Unterscheidung zwischen bejahter und verneinter Aufforderung. Je nachdem, ob der Imperativ bejaht oder verneint ist, unterscheiden sich teilweise die Verbformen; in jedem Fall ändert sich die Stellung des Personalpronomens zum Verb → 259, 260.

tomar	*toma, Carmen*	nimm!	**105**
	tome Vd., señor	nehmen Sie!	
	vamos a tomar/tomemos	nehmen wir!	
	tomar/tomad	nehmt!	
	tomen Vds., señores	nehmen Sie!	
comer	*come, Carmen*	iß!	
	coma Vd., señor	essen Sie!	
	vamos a comer/comamos	essen wir!	
	comer/comed	eßt!	
	coman Vds., señores	essen Sie!	
escribir	*escribe, Carmen*	schreibe!	
	escriba Vd., señor	schreiben Sie!	
	vamos a escribir/escribamos	schreiben wir!	
	escribir/escribid	schreibt!	
	escriban Vds.	schreiben Sie!	

Beachten Sie die Endungen
a. für die 2. *Person Singular* (du) und die 2. *Person Plural* (ihr).
Sie kommen aus dem Presente de indicativo oder sind unmittelbar daraus abzuleiten.
b. für die *anderen Formen*, die aus dem Presente de subjuntivo kommen.
Bei einigen Verben sind die Imperative nicht ganz regelmäßig → 41
Stellung des Personalpronomens beim bejahten Imperativ → 260

Übungen: I.13.3; I.14.2; I.14.3; I.14.7, I.14.10; I.15.9; I.16.11; I.17.4; I.17.7; I.18.7; I.18.8; I.21.8; I.22.4; I.22.7; I.24.13; III.2.7; III.4.5; III.10.2; III.20.3

106

tomar	*no lo tomes, Carmen*	nimm nicht!
	no lo tome Vd., señor	nehmen Sie nicht!
	no lo tomemos	nehmen wir nicht!
	no lo toméis	nehmt nicht!
	no lo tomen Vds.	nehmen Sie nicht!
comer	*no lo comas, Carmen*	iß nicht!
	no lo coma Vd., señor	essen Sie nicht!
	no lo comamos	essen wir nicht!
	no lo comáis	eßt nicht!
	no lo coman Vds.	essen Sie nicht!
escribir	*no lo escribas, Carmen*	schreibe nicht!
	no lo escriba Vd., señor	schreiben Sie nicht!
	no lo escribamos	schreiben wir nicht!
	no lo escribáis	schreibt nicht!
	no lo escriban Vds.	schreiben Sie nicht!

Die Formen des *verneinten Imperativs* kommen aus dem Presente de subjuntivo.
Stellung des Personalpronomens beim verneinten Imperativ → 259.

Übungen: II.12.4; III.2.2; III.3.5; III.10.1

107 *!Vamos a ducharnos!* Duschen wir uns!
!Vamos a despedirnos! Verabschieden wir uns!
!Ducharos! Duscht euch!
!Despediros! Verabschiedet euch!

In den Konjugationstabellen der regelmäßigen und unregelmäßigen Verben → 1–3, → 5–37 werden für den *Imperativ der 1. und 2. Person Plural* (wir, ihr) je zwei Formen angegeben, z. B. *vamos a lavar/lavemos* und *lavar/lavad*.
Die jeweils erste der angegebenen Formen ist in der Umgangssprache häufiger. Verwenden Sie für Imperative *reflexiver Verben* ausschließlich diese Form. → 4

Bei Verwendung der zweiten Form (lavemos, lavad) ergeben sich Veränderungen: *¡lavaos!* (statt *lavados*), *¡despedíos!* (statt *despedidos*), *¡lavémonos!* (statt *lavémosnos*), *¡despidámonos!* (statt *despidámosnos*) usw.
Häufig gebraucht wird *¡vámonos!* → 40.

Übungen: III.2.7; III.4.5

Verwendung der Zeiten

In diesem Abschnitt ist von der Eigenbedeutung der einzelnen Zeiten des Verbs die Rede. Neben dieser Eigenbedeutung gibt es bei einigen Zeiten – Pretérito imperfecto, Potencial, Pretérito pluscuamperfecto – eine Verwendung nach den Regeln der Zeitenfolge → 119–124.

Peralta viaja con Aerolíneas Argentinas. Está viajando. Peralta reist. **108**
Peralta es fotógrafo. Peralta ist Photograph.
En Bolivia se habla español. In Bolivien spricht man Spanisch.
Mañana no estoy aquí. Morgen bin ich nicht hier, werde ich nicht hier sein.

Presente de indicativo wird wie im Deutschen verwendet. Es bezeichnet eine Gegenwart im engeren oder weiteren Sinn, in Verbindung mit Zeitangaben – *mañana, el año que viene* – auch eine Zukunft.

El vino ha estado todo el día en la nevera. Está bien frío. Der Wein ist den ganzen Tag **109**
im Kühlschrank gewesen. Er ist gut kalt.
He hablado con el jefe. Dice que él tambien viene a la fiesta. Ich habe mit dem Chef gesprochen. Er sagt, er kommt auch zum Fest.

Pretérito perfecto bezeichnet eine abgeschlossene Handlung, die für die Gegenwart noch unmittelbare Folgen hat.

Weitere Beispiele dafür, daß der Inhalt eines Satzes im Pretérito perfecto oft sinngemäß im Presente de indicativo ausgedrückt werden kann:

He comprado un coche = ahora tengo coche.
He perdido todo mi dinero = de momento estoy sin dinero.
He preparado una sangría = podemos tomar sangría.

Übung: I.15.10

110 *Este año he trabajado mucho.* Dieses Jahr habe ich viel gearbeitet.
Esta semana ha hecho buen tiempo. Diese Woche war schönes Wetter.

Pretérito perfecto wird fast immer gebraucht, wenn ein Zeitraum angegeben ist, der noch nicht ganz vergangen ist, wie z.B. *hoy, esta semana, este año.*

Übungen: I.6.2; II.6.6; III.12.1

111 *A las tres sonó el teléfono.* Um drei Uhr klingelte das Telefon.
Pérez se levantó inmediatamente. Pérez stand sofort auf.
Salió del hotel y subió al coche. Er ging aus dem Hotel und stieg ins Auto.

Pretérito indefinido ist eine Zeit der Vergangenheit. Sie bezeichnet eine Handlung, deren Beginn und Ende in der Vergangenheit liegt. (An eine mögliche Auswirkung auf die Gegenwart → 109 wird dabei zumindest nicht gedacht).

Wie die Beispiele zeigen, wird das Pretérito indefinido zur Beschreibung aufeinanderfolgender Handlungen (und dann..., und dann..., und dann...) verwendet.
Wenn ein Zeitpunkt oder Zeitraum angegeben ist, der ganz in der Vergangenheit liegt – wie z.B. *ayer, el otro día, la semana pasada, el año pasado* –, wird ebenfalls fast immer Pretérito indefinido verwendet:
¿Dónde estuviste ayer? Wo warst du gestern? (Wo bist du gestern gewesen?)
El año pasado estuve en Francia. Letztes Jahr war ich in Frankreich.
El otro día vi a tu hermana. Neulich habe ich deine Schwester gesehen.
Bei einigen Verben ergibt die Verwendung des Pretérito indefinido oder des Pretérito imperfecto Bedeutungsunterschiede, die im Deutschen nur durch ein anderes Verb wiedergegeben werden können:
– *¿Conocían Vds. a ese señor? Kannten* Sie den Mann?
– *No, no le conocíamos. Le conocimos en la estación.* Nein, wir kannten ihn nicht (vorher schon). Wir *lernten* ihn am Bahnhof *kennen.*

Übungen: II.3.2–4; II.3.7–8; II.3.10; II.4.3–5; II.4.7–8; II.4.10; II.6.8; II.7.6; II.14.8; III.4.1; III.4.3; III.4.6; III.6.6; III.9.1; III.17.3

No se veía ni una sola estrella porque estaba lloviendo. Era una noche oscura. No había nadie por la calle. Todos dormían. **112**
Man sah keinen Stern. Es regnete. Es war eine dunkle Nacht. Niemand war auf der Straße. Alle schliefen.

Pretérito imperfecto beschreibt Zustände oder Gegebenheiten in der Vergangenheit. Es bezeichnet auch Handlungen in der Vergangenheit, jedoch nicht als etwas neu Eintretendes, nicht als Ereignis → 111, sondern als Beschreibung eines Hintergrundes, einer gegebenen Situation.

Es spielt in den Beispielen keine Rolle, welche der Handlungen oder Gegebenheiten früher oder später eingesetzt hatte: der Regen, die Dunkelheit, die Stille, die Einsamkeit auf der Straße. Alles wird als *gleichzeitig* vorhanden geschildert. Vor diesem Hintergrund kann nun – muß aber nicht – etwas geschehen → 113.

Übungen: II.3.4; II.5.6; II.6.2; II.7.4

Cuando Pérez salió, hacía un viento tremendo. Als Pérez hinausging, wehte ein furchtbarer Wind. **113**
Unas horas después, Pérez sacó la máquina de escribir que llevaba en el maletero del coche. Stunden später holte Pérez die Schreibmaschine heraus, die er im Kofferraum hatte.

Pretérito imperfecto bezeichnet von zwei zeitlich zusammentreffenden Handlungen diejenige, die bereits im Gange war – *hacía un viento tremendo* –, als die andere einsetzte – *Pérez salió.* Vgl. 111 und 112.

Weitere Beispiele:
Cuando Pérez llegó se reflejaba aún en las caras el miedo de la noche. Als Pérez ankam, spiegelte sich in den Gesichtern noch die Angst der Nacht.
Cuando Pérez volvió al hotel, brillaba de nuevo el sol. Als Pérez ins Hotel zurückkam, strahlte wieder die Sonne.

Übungen: II.3.1; II.3.9; II.3.10; II.4.6; II.5.6; II.6.8; II.7.3; II.7.6; III.4.1; III.4.3; III.4.6; III.6.6; III.17.3

Pérez siempre llevaba consigo la máquina de escribir. Pérez hatte immer – bei jeder Reise – die Schreibmaschine dabei. **114**
La señora de Pérez solía tomar un somnífero para dormirse. Frau Pérez nahm häufig ein Schlafmittel um einzuschlafen.

Pretérito imperfecto bezeichnet Handlungen in der Vergangenheit, die sich regelmäßig bzw. gewohnheitsmäßig wiederholten.

Zum Vergleich ein Beispiel, das zwar von einer Wiederholung spricht, aber nicht von einer Gewohnheit. Das Pretérito indefinido zeigt an, daß es sich um einen – wenn auch wiederholten – Einzelfall handelt:
La semana pasada tomé cada noche un somnífero. Letzte Woche nahm ich jeden Abend ein Schlafmittel.

Übungen: I.23.5; II.3.1; II.3.7; II.3.10; II.4.1; II.4.2; II.10.2; II.10.3

115 *Pérez escuchó con su mujer la entrevista que había grabado en cassette.* Pérez hörte mit seiner Frau das Interview an, das er aufgenommen hatte.
En las caras de la gente se reflejaba aún el miedo que habían pasado. In den Gesichtern der Leute spiegelte sich noch die Angst wieder, die sie durchgemacht hatten.

Préterito pluscuamperfecto wird wie im Deutschen verwendet. Es bezeichnet eine Handlung, die schon beendet war – *había grabado, habían pasado miedo* –, als eine andere einsetzte – *escuché* – oder noch immer andauerte – *se reflejaba aún.*

Übung: II.4.7

116 *El nuevo restaurante funcionará durante 22 horas al día.* Das neue Restaurant wird 22 Stunden täglich geöffnet sein.
Se abrirá la semana que viene. Es wird nächste Woche eröffnet (werden).
Nosotros vamos a verlo esta tarde. Wir werden es uns heute nachmittag ansehen.

Futuro imperfecto bezeichnet wie im Deutschen eine Handlung in der Zukunft. Eine nahe Zukunft wird oft ausgedrückt durch *ir a + Infinitiv* → 157. Vergleichen Sie die Verwendung des Presente de indicativo → 108.

Gelegentlich wird das Futuro imperfecto – ebenfalls wie im Deutschen – als betonte Befehlsform verwendet:
– *No tengo muchas ganas, mamá.* Ich habe keinen großen Appetit.
– *¡Tú comerás! ¡No faltaba más!* Du wirst essen! Das fehlte gerade noch!

Übungen: I.11.3; I.12.7; II.8.1; II.8.3; II.8.4; II.10.8

– *¿Qué tiene su marido? Parece que no anda bien de salud.*
– *Será el trabajo, nada más. Habrá trabajado demasiado.*
Was hat Ihr Mann? Anscheinend geht es ihm gesundheitlich nicht gut.
Das wird die Arbeit sein, nichts weiter. Er wird zuviel gearbeitet haben.

Futuro imperfecto und *Futuro perfecto* drücken wie im Deutschen eine Vermutung aus.

Auch in der Frage, auf die als Antwort nur eine Vermutung erwartet wird:
¿Se habrá olvidado de todo? Ob er wohl alles vergessen hat?
¿Lo habrá entendido bien? Wird er es wohl richtig verstanden haben?

Übungen: II.11.6; III.3.3

→ 101, 102
Si nos tocara el millón, seguro que regresaríamos a España. Wenn wir die Million gewinnen würden, würden wir sicher nach Spanien zurückgehen.
Nuestros padres se alegrarían muchísimo. Unsere Eltern würden sich freuen.
Si hubiese tenido trabajo en España, no habría/hubiera salido del país. Wenn ich Arbeit gehabt hätte, hätte ich das Land nicht verlassen.

Potencial simple bezeichnet eine Handlung, die unter bestimmten Voraussetzungen – *si nos tocara el millón* – Wirklichkeit sein oder werden könnte. → 101 *Potencial compuesto* bezeichnet eine Handlung, die unter bestimmten Voraussetzungen – *si hubiese tenido trabajo* – zustande gekommen wäre. → 101

Indirekte Rede und Zeitenfolge

Indirekte Rede nennt man die Übermittlung von Aussagen einer Person A durch eine Person B an eine dritte Person C. Die Gesetze für die indirekte Rede sind im Deutschen und Spanischen völlig verschieden. Im Deutschen wird Konjunktiv oder Indikativ verwendet:
Er sagt, er sei krank. (Konjunktiv)
Er sagt, er ist krank. (Indikativ)
Außerdem werden die Zeiten des Konjunktivs in der Umgangssprache sehr willkürlich verwendet, ohne daß eine wirkliche Bedeutungsänderung eintritt:
Er sagt, er sei krank. (Konjunktiv Präsens)
Er sagt, er wäre krank. (Konjunktiv Imperfekt)
Hinzu kommt noch die häufige Umschreibung mit *würde*:
Er sagt, er werde morgen kommen.
Er sagt, er würde morgen kommen.

Aus dieser Vielfalt der Formen im Deutschen und der Willkür ihrer Anwendung in der gesprochenen Umgangssprache ergibt sich für dieses Kapitel besonders klar, daß ein Vergleich mit dem Deutschen nur zur Verwirrung führen kann und eine Übersetzung vom Deutschen ins Spanische das Lernen unnötig erschweren muß.

118 Im Spanischen richtet sich die indirekte Rede nach strengen Regeln einer Folge der Zeiten. Entscheidend ist dabei die im einleitenden Hauptsatz verwendete Zeit, z.B. *dice que…*, *dijo* que…

Steht die Zeit des einleitenden Hauptsatzes eng mit der Gegenwart und Zukunft in Verbindung, so nennen wir sie – nur im Zusammenhang mit der Zeitenfolge – eine „Gegenwartszeit". Andernfalls nennen wir sie „Vergangenheitszeit".

„Gegenwartszeiten" sind natürlich:

Presente de indicativo:	*dice que*	er sagt, daß
Futuro imperfecto:	*dirá que* → 116, 117	er wird sagen, daß
Futuro perfecto:	*habrá dicho que* → 117	er wird gesagt haben, daß

aber auch

Pretérito perfecto:	*ha dicho que* → 109	er hat gesagt, daß
Potencial simple:	*diría que*	er würde sagen, daß

denn das Pretérito perfecto steht eng mit der Gegenwart in Verbindung, und auch das Potencial simple drückt eine Handlung aus, die in der Gegenwart oder Zukunft spielen könnte → 101.

„Vergangenheitszeiten" sind:

Pretérito indefinido:	*dijo que*	er sagte, daß
Pretérito imperfecto:	*decía que*	er sagte, daß
Pretérito pluscuamperfecto:	*había dicho que*	er hatte gesagt, daß

119 *Legazpi dice*: – *El camión tiene una avería.* Der Lkw hat eine Panne.
Dice que el camión tiene una avería. Er sagt, der Lkw hat eine Panne.
Ha dicho que el camión tiene una avería. Er hat gesagt, der Lkw hat eine Panne.
Dirá que el camión tiene una avería. Er wird sagen, der Lkw hat eine Panne.
Habrá dicho que el camión tiene una avería. Er wird gesagt haben, …
Si le preguntaras, te diría que el camión tiene una avería. Wenn du ihn fragen würdest, würde er dir sagen, der Lkw hat eine Panne.
Viñas pregunta: – *¿Tiene el camión una avería?* Hat der Lkw eine Panne?
Viñas pregunta si el camión tiene una avería. Er fragt, ob der Lkw eine Panne hat.

> Die Zeit des Originalsatzes – *tiene una avería* – wird in der indirekten Rede nicht verändert, wenn der einleitende Hauptsatz in einer „Gegenwartszeit" steht → 118.

Übungen: II.1.4; II.17.4

– *Tengo que salir. La cosa es urgente. Me han llamado desde Madrid. Pero volveré pronto.* Ich muß weg. Die Sache ist eilig. Sie haben mich angerufen. Aber ich werde bald zurückkommen. **120**

Pérez dijo que tenía que salir, que la cosa era urgente. Dijo que le habían llamado desde Madrid, pero que volvería pronto. Er sagte, er müsse weg, die Sache sei eilig. Sie hätten ihn aus Madrid angerufen, er werde aber bald zurückkommen.

Wenn der einleitende Hauptsatz in einer „Vergangenheitszeit" steht, z.B. *dijo que* → 118, dann steht auch im Nebensatz eine Vergangenheit:	
– Es urgente.	*Dijo que era urgente.*
– Han llamado.	*Dijo que habían llamado.*
– Volveré pronto.	*Dijo que volvería pronto.*

Zu beachten ist, daß das Potencial – *volvería pronto* – hier im Nebensatz eine Vergangenheit des Futurs darstellt, während es im Hauptsatz der indirekten Rede – *te diría que no tiene tiempo* – zu den „Gegenwartszeiten" → 118 gehört. Vgl. 119.

– *¿ A qué hora salió mi marido? ¿ Le llamaron desde Madrid?* Wann fuhr mein Mann weg? Haben sie ihn von Madrid aus angerufen?

La señora Pérez preguntó a qué hora había salido su marido. Preguntó si le habían llamado desde Madrid. Sie fragte, wann er weggefahren war und ob sie ihn von Madrid aus angerufen hätten.

Übungen: II.3.5; II.3.8; II.6.8; II.16.1; II.17.3; II.17.10; III.7.5

– *Fui porque me habían llamado.* Ich fuhr hin, weil sie mich angerufen hatten. **121**

Pérez dijo que fue porque le habían llamado. Er sagte, er fuhr hin, weil sie ihn angerufen hatten.

– *Yo no trabajaría tanto.* Ich würde nicht soviel arbeiten.

Dijo que él no trabajaría tanto.

> Wenn die Originalaussage in einer „Vergangenheitszeit" → 118 oder im Potencial steht – *fui, habían llamado; trabajaría* –, wird sie durch die Zeitenfolge nicht verändert.

– *¿ A qué hora salió mi marido? ¿ Le llamaron desde Madrid?* Wann fuhr mein Mann weg? Haben sie ihn von Madrid aus angerufen?

La señora Pérez preguntó a qué hora había salido su marido. Preguntó si le habían llamado desde Madrid. Sie fragte, wann er weggefahren war und ob sie ihn von Madrid aus angerufen hätten.

Auch ein Originalsatz im Pretérito indefinido – *salió, le llamaron* – wird im Sinne der Zeitenfolge verändert, wenn er gegenüber dem Hauptsatz – *dijo, preguntó* – als vorzeitig empfunden wird:

–¿Salió?	*Preguntó si había salido.*
–¿Le llamaron?	*Preguntó si le habían llamado.*

122 – *No te cases con un periodista.* Heirate keinen Journalisten!
Le he dicho a tu hija que no se case nunca con un periodista. Ich habe deiner Tochter gesagt, sie solle nie einen Journalisten heiraten.
– *Deja de trabajar tanto.* Hör auf, soviel zu arbeiten.
Le he dicho a mi marido que deje de trabajar tanto. Ich habe meinem Mann gesagt, er solle aufhören soviel zu arbeiten.

In der indirekten Rede wird ein Imperativ – *deja, no te cases* – durch Subjuntivo wiedergegeben. Vgl. 80.

Übungen: II.17.5; II.17.6; III.2.6; III.2.7

123 – *Llámeme mañana.* Rufen Sie mich morgen an.
Le he dicho que me llame mañana. Ich habe ihm gesagt, er soll anrufen.
Le dije que me llamara al día siguiente. Ich sagte ihm, er solle anrufen.

Auch für den Imperativ gelten in der indirekten Rede die Regeln der Zeitenfolge → 118, → 120. Vgl. 124.

Übung: II.17.7

124 – *No quiero que vengas conmigo.* → 80. Ich will nicht, daß du mit mir kommst.
Ella no quería que fuera con él. Sie wollte nicht, daß ich mit ihm gehe.
– *Prefiero que me esperes en casa.* Es ist mir lieber, du wartest zu Hause.
Prefería que le esperara en casa. Er wollte lieber, daß ich ihn zu Hause erwarte.
– *Te ruego que no tardes mucho.* Ich bitte dich, brauch nicht so lang.
Le rogué que no tardase mucho. Ich bat ihn, er sollte nicht zu lange brauchen.

Auch für Subjuntivo gelten die Regeln der Zeitenfolge → 118, → 120.

Es folgen weitere Beispiele, die zeigen, wie bei verschiedener Zeit im Hauptsatz sich die Verwendung der Zeit des Nebensatzes ändert.

– *Dígale que me llame.* Sagen Sie ihm, er soll mich anrufen.
Le rogué por teléfono que le dijera que me llamara. Ich bat ihn am Telefon, er solle ihm sagen, daß er mich anrufen soll.
– *¿Quiere que le diga algo cuando vuelva?* Soll ich ihm etwas sagen, ...?
Carreño quería que el conserje le dijera a Ribera que le esperaba en casa. Der Portier sollte Ribera sagen, daß Carreño ihn zu Hause erwartete/erwarten würde.

Die folgenden Beispiele zeigen, wie sich Sätze aus den Abschnitten 80–100 – Gebrauch des Subjuntivo – bei einer Erzählung in der Vergangenheit verändern würden:
El médico me ha dicho que deje de fumar. → 80
El médico le dijo que dejara de fumar.
Mi madre me ha escrito que no beba mucho. → 80
Mi madre siempre me escribía que no bebiera mucho.
¿No te ha prohibido el médico que fumes? → 81
El médico me prohibió que fumara.
El padre de Tere le aconseja que estudie idiomas. → 82
El padre de Tere le aconsejó que estudiara idiomas.
Pero ella le advierte que no se haga ilusiones. → 82
Pero ella le advirtió que no se hiciera ilusiones.
El le propone que vaya un año al extranjero. → 82
El le propuso que fuera un año al extranjero.
Tengo que evitar que haya muchas discusiones. → 83
Yo quería evitar que hubiese muchas discusiones.
No puedo impedir que mi mujer diga lo que piensa. → 83
No podía impedir que mi mujer dijera lo que pensaba.
Me alegro (de) que hables tan bien el español. → 84
Me alegré de que la chica hablara tan bien el español.
Me gusta que haya gente joven. → 84
A mi abuelo le gustaba mucho que hubiese gente joven en casa.
Me sorprende que tú digas eso. → 85
Me sorprendió mucho que precisamente él dijera tal cosa.
¿Le molesta que fume? → 85
Una señora dijo que le molestaba que yo fumara.
Temo que sea tarde. → 86
Yo temía que fuese tarde.
Espero que mañana me hagan la revisión del coche. → 86
Esperaba que al día siguiente me hicieran la revisión del coche.
Siento mucho que haya problemas entre mi madre y mi marido. → 87
Sentía mucho que hubiese problemas entre ellos.
Los pesimistas no creen que pueda haber una solución. → 88

Los pesimistas no creían que pudiera haber una solución.
Es imposible que esto continúe así. → 89
Era imposible que la cosa continuara así.
Es probable que las literas estén completas. → 89
Era muy probable que las literas estuvieran completas.
Es una lástima que estos jóvenes no se den cuenta de lo que pasa. → 90
Era una lástima que no se dieran cuenta de lo que pasaba.
No es necesario que me despierten. → 92
Les dijo que no era necesario que le despertaran.
Estoy buscando un trabajo que sea un poco más interesante. → 93
Estaba buscando un trabajo que fuera un poco más interesante.
Deseo hacerles caso a todos para que todos salgan ganando. → 95
El alcalde quería hacerles caso a todos para que todos salieran ganando.
No voy a escribir la carta sin que me lo diga el jefe. → 96
No quería escribir la carta sin que me lo dijera el jefe personalmente.
Tan pronto como tenga hijos, Teresa dejará de trabajar. → 100
Teresa dijo que tan pronto como tuviera hijos dejaría de trabajar.

Übungen: II.14.7; II.16.2; II.16.3; II.17.1; II.17.2; II.17.9; II.17.10; III.6.4; III.16.3

125 *Mi amigo hace como si comprendiera el alemán.* Er tut, als ob er Deutsch verstehen würde.
Hacía como si comprendiera. Er tat, als ob er verstehen würde.

> Aussagen, die bereits in einer Vergangenheitszeit stehen – *como si comprendiera, como si hubiera comprendido* –, werden durch die Zeitenfolge nicht verändert. Vgl. 121.

Infinitiv

126

invitar	einladen	*acostumbrarse*	sich gewöhnen
haber invitado	eingeladen haben	*haberse acostumbrado*	sich gewöhnt haben

> Das spanische Verb hat wie das deutsche eine *einfache Grundform* – *invitar* – und eine *zusammengesetzte Grundform* – *haber invitado.*

Einige Beispiele für die Verwendung des zusammengesetzten Infinitivs:
Siento mucho no haberle visto. Es tut mir leid, ihn nicht gesehen zu haben.

Parece haberse acostumbrado a tomar cerveza. Er scheint sich angewöhnt zu haben, Bier zu trinken.
El alcalde está orgulloso de haberles devuelto la calle a los peatones. Der Bürgermeister ist stolz darauf, die Straße den Fußgängern zurückgegeben zu haben.

→ **368**

Es mejor no decir una cosa así. Es ist besser, so etwas nicht zu sagen.

> Die Verneinung steht vor dem Infinitiv.

→ **261**

Tengo que decirle la verdad. Ich muß Ihnen die Wahrheit sagen.

> Personalpronomen werden an den Infinitiv angehängt: quiero *comprarlo*, voy a *descírselo*, no puedo *invitarles* usw.

Der Infinitiv als Substantiv

Der Infinitiv wird im Spanischen sehr vielseitig verwendet. Er tritt im Satzbau oft an die Stelle, an der auch ein Substantiv stehen könnte:

Me gusta estudiar.	*Me gusta el café.*
He conseguido hablar con él.	*He conseguido los billetes.*

Deshalb steht der Infinitiv – wie das Substantiv – auch sehr oft in Verbindung mit einer Präposition → 132–138.

Me gusta viajar. Das Reisen gefällt mir, ich reise gern. **127**
Ya sabes qué difícil es encontrar un mecánico.... einen Mechaniker zu finden.
Sería posible instalar un taller mecánico. ... eine Werkstatt einzurichten.
Uno de nuestros fines debe ser mejorar los transportes colectivos. Eines unserer Ziele muß es sein, die öffentlichen Verkehrsmittel zu verbessern.
No tiene sentido discutir con él. Es hat keinen Sinn, mit ihm zu streiten.
Se me ha olvidado meter mi neceser en la maleta. Ich habe vergessen, mein Reisenecessaire in den Koffer zu stecken.
Aquí da gusto bañarse. Hier macht es Spaß zu baden.
Me da miedo quedarme sola en casa. Ich habe Angst, allein zu sein.
Me cansa oir siempre la misma canción. Es langweilt mich, immer dasselbe zu hören.
Me interesa conocer tu opinión. Es interessiert mich, was du meinst.
Sería mucha molestia esperarle para comer. Es wäre umständlich zu warten.
Más vale poner las cosas en claro. Es ist besser, die Dinge klar zu sagen.

> In allen Beispielen ist der Infinitiv Subjekt in Sätzen mit einem unpersönlichen Ausdruck: es ist..., es gefällt..., es macht Spaß.... (Dies gilt auch dort, wo die deutsche Übersetzung es nicht zeigt: ich habe Angst = es macht mir Furcht).

Die Funktion des Infinitivs als Substantiv zeigt sich besonders deutlich in folgenden Beispielen:

¿Quién dice que esquiar no es cosa de mujeres? Wer sagt denn, daß Skifahren nichts für Frauen ist?

El hacer cola es un arte del español. Schlangestehen ist eine Kunst des Spaniers.

Übungen: I.3.2; I.3.4; I.4.2; I.7.10; II.4.10; II.9.5

128 *Siento mucho no poder estar allí.* Ich bedaure sehr, nicht dort sein zu können.

Espero volver pronto. Ich hoffe, bald wiederzukommen.

El alcalde ha prometido humanizar la ciudad. Der Bürgermeister hat versprochen, die Stadt menschlicher zu machen.

Teresa piensa seguir una carrera de Ciencias. Teresa hat vor, ein naturwissenschaftliches Studium zu machen.

En el matrimonio cree poder realizar su propia personalidad. In der Ehe glaubt sie ihre eigene Persönlichkeit verwirklichen zu können.

Mohamed ha conseguido ahorrar algo. Er hat es fertiggebracht, etwas zu sparen.

He logrado hacerme amigo de él. Es ist mir gelungen, sein Freund zu werden.

He intentado comprar el libro que me recomendaste. Ich habe versucht, das Buch zu kaufen, das du mir empfohlen hast.

Deseaba cambiarme de ropa. Ich wünschte mir, mich umziehen zu können.

Me permito hacerle constar que ... Ich erlaube mir Ihnen mitzuteilen, daß ...

Procuraba hacer el bien a los demás. Ich bemühte mich, den anderen Gutes zu tun.

Decidí matar a mi mujer. Ich beschloß, meine Frau umzubringen.

Propusieron aprovechar la tarde libre. Sie schlugen vor, den freien Nachmittag auszunützen.

In allen Beispielen ist der Infinitiv direkte Ergänzung eines anderen Verbs. Vgl. 129

Übungen: I.12.1; I.21.3

Infinitiv ohne Präposition

129 *Carmen quiere comprar una falda.* Carmen will einen Rock kaufen.

Puedes apagar la luz. Du kannst das Licht ausmachen.

Creo que debemos esperar a los demás. Ich glaube, wir müssen/sollten eigentlich auf die anderen warten.

Tu padre debe estar cansado. Dein Vater muß/wird sicher müde sein.

Tengo que arreglar el televisor. Ich muß den Fernseher reparieren.

Mi hija prefirió quedarse en casa. Meine Tochter blieb lieber zu Hause. (Sie zog es vor, zu Hause zu bleiben).

Suelo oír Radio Barcelona. Ich höre oft Radio Barcelona.

Der *Infinitiv ohne vorangehende Präposition* steht nach den meisten Modalverben → 150–156 und nach *soler*. Vgl. 128.

¿ Os he hecho esperar? Habe ich euch warten lassen? **130**
No te creerás que te dejo ir sola. Du wirst nicht glauben, daß ich dich allein gehen lasse.
¿ Me permites decirte una cosa? / ¿ Me permites que te diga una cosa? Darf ich dir etwas sagen?
El médico te ha prohibido fumar. / Te ha prohibido que fumes. Der Arzt hat dir verboten zu rauchen.

Infinitiv ohne vorangehende Präposition steht nach den Verben des Lassens, Veranlassens oder Verursachens: *dejar, hacer*. Nach den Verben des Erlaubens und Verbietens – *permitir, prohibir* – kann der Infinitiv oder ein Nebensatz stehen. → 81

He oído hablar de que el americano va a vender su chalet. Ich habe gehört, daß der Amerikaner sein Haus verkauft. **131**
¿ Tú le has visto trabajar alguna vez a Pepe? Hast du Pepe schon einmal arbeiten sehen?

Infinitiv ohne vorangehende Präposition steht, wie im Deutschen, nach Verben der Sinneswahrnehmung: *oír, ver*.

Infinitiv mit Präposition

Gemeint ist hier der Anschluß eines Infinitivs – mit vorangehender Präposition –

an ein Verb:	*acaba de llegar*
an ein Substantiv:	*es hora de salir*
an ein Adjektiv:	*soy capaz de hacerlo*
an ein Partizip:	*estoy decidido a hacerlo*

Ribera acaba de llegar a Barcelona. Ribera ist gerade nach B. gekommen. **132**
Me he acostumbrado a tomar cerveza. Ich habe mir angewöhnt, Bier zu trinken.
No me acuerdo de haber hablado con él. Ich erinnere mich nicht, mit ihm gesprochen zu haben.
Me alegro de conocerle. Ich freue mich, Sie kennenzulernen.

¿ Por qué no aprende Vd. a conducir? Warum lernen Sie nicht autofahren?
¿ Cómo se las arregla Vd. para gastar tan poco? Wie bringen Sie es fertig, so wenig auszugeben?
No me atrevo a decirlo. Ich getraue mich nicht, es zu sagen.
Pili ayuda a poner la mesa. Pili hilft Tisch decken.
Basta de trabajar como un loco. Schluß damit, wie ein Verrückter zu arbeiten.
¿ Ya comienza a nevar? Fängt es schon an zu schneien?
¿ En qué consiste tu trabajo? Worin besteht deine Arbeit?
El gobierno ha dado a conocer un proyecto interesante. Die Regierung hat ein interessantes Projekt bekanntgegeben.
La nueva revista se dedica a examinar la calidad de productos que se ofrecen en el mercado. Die Zeitschrift beschäftigt sich damit, die Qualität von Waren zu prüfen, die auf dem Markt angeboten werden.
Vd. dejó de trabajar hace poco, ¿ no? Sie hörten auf zu arbeiten, nicht?
No dejen de ver el castillo. Versäumen Sie nicht, das Schloß anzusehen.
Cuando empecé a aburrirme decidí marcharme. Als ich anfing mich zu langweilen, beschloß ich zu gehen.
Me esfuerzo por aprender mejor el español. Ich bemühe mich, besser Spanisch zu lernen.
Mi madre insiste en venir a casa a ayudarme. Meine Mutter will unbedingt zu uns kommen, um mir zu helfen.
Señorita, la invitamos a comer. Wir laden Sie zum Essen ein.
Mi secretaria no se limita a hacer lo que le digo, sino que tiene ideas propias. Meine Sekretärin beschränkt sich nicht darauf zu tun, was ich ihr sage, sondern sie hat eigene Ideen.
A ver si María Clara llega a ser periodista. Mal sehen, ob Maria Clara Journalistin wird.
¿ Por qué se niega a aceptar esta condición? Warum lehnt er es ab, diese Bedingung anzunehmen?
Nos obligaron a bajar del coche. Sie zwangen uns auszusteigen.
Yo me ocuparé de prepararlo todo. Ich werde mich darum kümmern und alles vorbereiten.
No se olvide Vd. de firmar. Vergessen Sie nicht zu unterschreiben.
Mi marido no para de hablar. Mein Mann spricht unaufhörlich.
¿ Pensará Vd. en venir a buscarme? Werden Sie daran denken mich abzuholen?
Cuando mi suegro se pone a hablar de política... Wenn mein Schwiegervater anfängt über Politik zu reden...
Hemos quedado en vernos mañana. Wir sind so verblieben, daß wir uns morgen sehen.
Hay muchos problemas que quedan por resolver. Es gibt viele Probleme, die noch zu lösen sind.
Tendrá Vd. que renunciar a comer tanto. Sie werden darauf verzichten müssen, soviel zu essen.

El ruido es para volverse loco. Der Lärm ist zum Verrücktwerden.
La isla de peatones sirve para humanizar la ciudad. Die Fußgängerinsel dient dazu, die Stadt menschlicher zu machen.
Hay muchos turistas que sueñan con quedarse definitivamente en España. Es gibt viele Touristen, die davon träumen, für immer in Spanien zu bleiben.
Ya no tardaremos mucho en llegar. Wir werden nicht mehr lange brauchen, bis wir ankommen.
¿ Cuándo volverá a ver a su mujer ? Wann werden Sie Ihre Frau wiedersehen?

Nach einer Reihe von Verben steht der *Infinitiv mit einer Präposition.*

Beachten Sie auch:
Va a la cocina a desayunar. → 340 Er geht in die Küche um zu frühstücken.
Vamos a buscarle. → 340 Wir holen Sie ab.
Vienen a buscarme. → 340 Sie holen mich ab.

Einzelne Verben haben neben der oben gezeigten Konstruktion eine weitere:
Se me olvidó firmar. → 127 Ich vergaß zu unterschreiben.
¿ Piensa Vd. ir a buscarle ? → 128 Haben Sie vor, ihn abzuholen?
Para ganar un premio, basta (con) tener un poco de suerte. Um einen Preis zu gewinnen, reicht es aus, wenn man ein bißchen Glück hat.

Übungen: I.10.11; I.15.10; II.1.4–6; II.7.5; II.16.4; III.3.8;

Haga Vd. el favor de esperar un momento. Bitte warten Sie einen Moment. **133**
Tengo ganas de volver a casa. Ich habe Lust heimzufahren.
Ha llegado el momento de salir. Der Augenblick zum Abfahren ist gekommen.
Muchos tienen la necesidad de usar el coche. Viele müssen einfach das Auto nehmen.
Hay sitios donde tenemos la sensación de estar aislados. Es gibt Orte, wo wir das Gefühl haben, isoliert zu sein.
Es hora de ponerse a trabajar. Es ist Zeit, zu arbeiten anzufangen.

Nach den meisten Substantiven steht der *Infinitiv mit de.*

Nach einigen Substantiven folgt der Infinitiv mit anderen Präpositionen:
Gracias por haber venido. Vielen Dank fürs Kommen. Vgl. 347
¿ Tendría Vd. inconveniente en traducir esta carta ? Hätten Sie etwas dagegen, diesen Brief zu übersetzen? Würden es Ihnen etwas ausmachen, ...

Der Anschluß des Infinitivs mit *de* darf nicht rein schematisch erfolgen. Vergleichen Sie:

En todas partes se está siguiendo la política de mejorar las condiciones para los automovilistas. Man verfolgt die Politik, ... zu verbessern = die Politik *der Verbesserung* der Verhältnisse für den Autofahrer.

Debe ser nuestra política mejorar las condiciones para los peatones. Es muß unsere Politik sein, ... zu verbessern = *Die Verbesserung* der Bedingungen für den Fußgänger muß unsere Politik sein. → 127.

Übungen: I.17.4; I.18.7; I.20.8; I.21.4; II.7.4

134 *Encantado de conocerle.* Ich freue mich, Sie kennenzulernen.

Mi marido está decidido a no venir a comer a casa. Mein Mann ist entschlossen, zum Essen nicht nach Hause zu kommen.

Yo sería incapaz de dejar de fumar. Ich wäre nicht fähig, das Rauchen aufzugeben.

Los españoles somos tan capaces como cualquier otro pueblo de cambiar de costumbres. Wir Spanier sind wie jedes andere Volk fähig, unsere Gewohnheiten zu ändern.

Estoy orgulloso de haber nacido aquí. Ich bin stolz darauf, hier geboren zu sein.

Estoy acostumbrado a tomar café después de la comida. Ich bin gewöhnt, nach dem Essen Kaffee zu trinken.

Estoy dispuesto a ayudarte. Ich bin bereit, dir zu helfen.

Me veo obligado a decirle la verdad. Ich sehe mich gezwungen, Ihnen die Wahrheit zu sagen.

Estoy interesado en ir a América. Ich bin daran interessiert, nach Amerika zu fahren.

> Nach einigen Adjektiven und Partizipien steht der *Infinitiv* jeweils *mit einer bestimmten Präposition.*

Übung: I.11.10

Infinitiv als Verkürzung von Nebensätzen

Auch im Deutschen dient der Infinitiv zur Verkürzung von Nebensätzen:
Er ging weg, ohne daß er etwas gesagt hätte.
Er ging weg, *ohne etwas zu sagen.*
Als er kam, sah er mich gar nicht.
Beim Kommen sah er mich gar nicht.
Im Spanischen sind jedoch die Möglichkeiten, statt Nebensatz Präposition + Infinitiv zu verwenden, zahlreicher.

Necesito un magnetofón para hacer entrevistas. Ich brauche ein Tonbandgerät, um Interviews zu machen. **135**

para + Infinitiv drückt Absicht oder Zweck einer Handlung aus. Vgl. 340

Übungen: I.8.5; I.12.8; I.12.10; I.16.8

Al salir de casa, por poco me olvidé de llevarme dinero. Als ich von zuhause wegging, vergaß ich fast, Geld mitzunehmen. (Cuando salí de casa...) **136**

Al llegar a Madrid tenía fiebre. Als ich in Madrid ankam, hatte ich Fieber.

Al llegar a la oficina, lo primero que hago es leer las cartas. Wenn ich ins Büro komme, ist das erste, daß ich die Briefe lese.

al + Infinitiv drückt eine Handlung aus, die gleichzeitig mit der Handlung des Hauptsatzes stattfindet (stattfand, stattfinden wird).

Antes de ir al cine me gustaría comer algo. Bevor ich ins Kino gehe, würde ich gern etwas essen. **137**

Después de cenar me gustaría ir al cine. Nach dem Essen würde ich gern ins Kino gehen. (Nachdem ich gegessen habe...)

Después de cenar/después de haber cenado fuimos al cine. Nach dem Abendessen gingen wir ins Kino. (Nachdem wir gegessen hatten...)

Nach *después de* steht meist Infinitiv Präsens – *después de cenar* –, auch wenn sinngemäß Infinitiv Perfekt – *después de haber cenado* – stehen kann.

Übungen: I.12.1; I.12.2; I.16.8

He pasado una noche sin poder dormir. Ich habe eine Nacht verbracht, ohne schlafen zu können. **138**

Pérez Ferrer salió sin decir nada. Ferrer ging weg, ohne etwas zu sagen.

Zu beachten ist die *Verneinung* nach *sin + Infinitiv* → 378.

Infinitiv zur Verkürzung von Hauptsätzen

¿Qué hacer? Was tun? Was sollen/können wir tun? **139**

¿Cómo hacerlo? Wie soll ich/können wir/kann man das machen?

Die *mit Infinitiv verkürzte Frage* ist an die eigene Person/Gruppe gerichtet.

Ebenso im abhängigen Fragesatz:
Ahora no sé qué decir. Ich weiß jetzt nicht, was ich sagen soll.
No sabía a quién preguntar. Ich wußte nicht, wen ich fragen sollte.
No sé adónde ir. Ich weiß nicht, wohin ich gehen soll.

Übungen: I.13.4; I.13.5; II.11.2

140 *¡A trabajar!* Los, an die Arbeit!

a + Infinitiv steht als ermunternder Zuruf statt Imperativ. Er ist oft auch an die eigene Person gerichtet.

In vielen Bedeutungen wird *a ver* verwendet. Es kann bedeuten, daß der Sprecher etwas nachsehen will oder aber einen Augenblick Zeit zum Nachdenken braucht, bevor er auf eine Frage antwortet.
Mit *a ver si* wird eine Erwartung ausgedrückt, die je nach Zusammenhang auch als Aufforderung zu verstehen ist:
A ver si me han reservado la habitación. Mal sehen, ob die mir ein Zimmer reserviert haben.
A ver si me invitas a tomar café. Du könntest mich eigentlich zum Kaffee einladen.

Übung: II.13.2

141 *Empujar* – Drücken
Tirar – Ziehen.
Apretar el botón – Knopf drücken.

Reiner Infinitiv steht als allgemeine Anweisung statt Imperativ.

Gerundio

Das Gerundio ist eine unveränderliche Form des spanischen Verbs. Es bezeichnet in erster Linie eine Handlung während ihres Verlaufs. Darum besteht gelegentlich eine Übereinstimmung mit dem deutschen Partizip Präsens: *se despidió llorando*, sie verabschiedete sich *weinend.* In den meisten Fällen aber gibt es für das spanische Gerundio keine direkte Entsprechung im Deutschen.

tomar *tomando* 142
comer *comiendo*
recibir *recibiendo*

> Das Gerundio der meisten Verben wird regelmäßig entsprechend den Beispielen gebildet.
> Unregelmäßige Formen → 42
> Besonderheiten in der Schreibweise → 50, → 51
> Stellung des Personalpronomens zum Gerundio → 262, → 264

Gerundio nach bestimmten Verben

Mis amigos están desayunando. Meine Freunde frühstücken gerade. 143
Pepe está viendo la televisión. Pepe sieht gerade fern.
¿A quién estás escribiendo? Wem schreibst du denn da?

> *estar + Gerundio* betont stärker als das einfache Presente de indicativo → 108, daß die Handlung tatsächlich im Augenblick im Gange ist.

Weitere Beispiele in anderen Zeiten:
Estaba lloviendo cuando salió. Es regnete, als er wegging.
Pepe estará durmiendo. Pepe wird wohl gerade schlafen.

Statt *estar* wird gelegentlich auch *andar* verwendet:
¿Tú conoces a esos suizos que andan comprando terrenos por todas partes? Kennst du die Schweizer, die da (zur Zeit) überall Grundstücke kaufen?

Übungen: I.15.1; I.15.2; I.15.4; III.11.3

Tú no puedes continuar trabajando así, Andrés. Du kannst nicht so weiterarbeiten, Andrés. 144
Si sigues trabajando de esta forma, te morirás de infarto. Wenn du so weiterarbeitest, wirst du an einem Herzinfarkt sterben.

> *continuar + Gerundio, seguir + Gerundio*: weitermachen, fortfahren, nach wie vor das gleiche tun. (*continuar* → 6, *seguir* → 12.)

Übungen: II.1.5; II.1.8; III.11.2; III.18.1

Gerundio als Verkürzung von Nebensätzen

145 *Papá ya está abajo charlando con el sereno.* Papa ist schon unten; er spricht mit dem Nachtwächter.
Me hicieron una entrevista diciendo que era para un periódico. Sie machten ein Interview mit mir und sagten, es sei für eine Zeitung.
Los chicos que empiezan a fumar, se meten en un gran lío repitiendo los errores de sus padres. Die Jungen, die zu rauchen anfangen, bringen sich in eine große Schwierigkeit, wenn sie die Fehler ihrer Väter wiederholen.

> Das Gerundio bezeichnet eine Handlung, die eng mit der des Hauptsatzes zusammenhängt:
> *ya está abajo charlando* er ist schon angekommen und spricht jetzt ...
> *me hicieron una entrevista diciendo* sie machten das Interview, wobei sie sagten/mit der Erklärung ...

Es el ruido de la gente andando. Das ist das Geräusch der Leute, die zu Fuß gehen. Ahmen Sie diese Konstruktion – *la gente andando* – nicht selbständig nach. Sie gilt vielfach als nicht korrekt; der Ausländer kann kaum abschätzen, wann sie möglich ist und wann nicht.

Übung: III.8.2

Partizip

146 tomar *tomado*
comer *comido*
recibir *recibido*

> Das Partizip der meisten Verben wird regelmäßig entsprechend den Beispielen gebildet.
> Unregelmäßige Formen → 41
> Besonderheiten in der Schreibweise → 52

147 *He reservado una habitación con ducha.* Ich habe ein Zimmer mit Dusche reserviert.
He llegado hace una hora. Ich bin vor einer Stunde angekommen.
No habrás cenado todavía. Du wirst noch nicht zu Abend gegessen haben.

> *Die zusammengesetzten Zeiten der Vergangenheit* – einschließlich Futuro perfecto: *habrás cenado* – werden mit *haber* + *Partizip* gebildet. Das Partizip ist dabei unveränderlich.

¿ No lo tenías todo preparado? Hattest du nicht alles vorbereitet?

Die gelegentliche Verwendung von *tener* + *Partizip* betont besonders den Abschluß der Handlung und ihr Resultat. Hier ist das Partizip veränderlich:
– *¿ No habías preparado la maleta?* Hattest du nicht den Koffer gepackt?
– *Sí, la tenía preparada.* Ja, er stand schon fertig da.

Übungen: I.12.4; I.24.8

– *¿ Es que mi marido ha pagado la habitación?* Hat mein Mann das Zimmer bezahlt? **148**
– *Sí, señora, está pagada.* Ja, es ist bezahlt.
– *La casa va a ser vendida, ¿ no?* → 62 Das Haus wird verkauft werden, oder?
– *Ya está vendida.* Es ist schon verkauft.

estar + *Partizip* drückt das Ergebnis der Handlung aus. Das Partizip ist dabei veränderlich wie ein Adjektiv.

Pepe se ha sentado allí. Pepe hat sich dort hingesetzt.
Pepe está sentado allí. Pepe sitzt dort.
Los niños se han dormido. Die Kinder sind eingeschlafen.
Los niños están dormidos. Die Kinder schlafen.

estar + *Partizip* drückt auch bei reflexiven Verben das Ergebnis der Handlung aus. (Im Deutschen entspricht dieser Konstruktion gelegentlich ein anderes Verb, z.B. sich setzen/sitzen.)

Übung: I.23.4

El periodista mandó a la redacción cinco hojas escritas a máquina. Der Journalist schickte an die Redaktion fünf *maschinengeschriebene Blätter.* **149**
Mandó varias fotos sacadas en Andalucía. Er schickte mehrere *Fotos, die er in Andalusien aufgenommen hatte.*
En una de las fotos se ve una casa destruida por la riada. Auf einem Foto sieht man *ein von der Überschwemmung zerstörtes Haus.*

Der Konstruktion *Substantiv* + *Partizip* + *Präposition* + *Substantiv* entsprechen im Deutschen verschiedene Ausdrucksweisen.

Übung: II.5.7

Modal- und Hilfsverben

Gebrauch von *haber* → 64
Gebrauch von *estar* → 68–72, → 148
Gebrauch von *ser* → 73–78
Konstruktionen mit Gerundio → 143–144
Verben anstelle deutscher Adverbien → 228

150 *Tu tía está enferma. Debes ir a verla.* Deine Tante ist krank. Du mußt sie besuchen.
Por lo menos deberías llamarla. Zumindest müßtest du sie anrufen.

deber bezeichnet eine Notwendigkeit, die nicht durch einen äußeren Zwang gegeben ist. Oft ergibt sie sich aus einer moralischen Verpflichtung.

El trabajo de Montserrat debe (de) ser interesante. Die Arbeit von Montserrat muß – nach allem, was man davon weiß – interessant sein.

deber oder *deber de* bezeichnet einen Gedanken, den man aus bekannten Anhaltspunkten ableitet: es muß wohl so sein, es wird wohl so sein.

Übung: II.12.6

151 *Carmen quiere comprar una falda.* Carmen will einen Rock kaufen.
Voy a comprarme una corbata. Ich will mir eine Krawatte kaufen.

Neben *querer* wird sehr häufig auch *ir a + Infinitiv* als Ausdruck des Wollens verwendet. (*ir a + Infinitiv* als Ausdruck der Zukunft → 116.)

Beachten Sie die verschiedene Denkweise im Spanischen und Deutschen in folgenden Beispielen:
¿Quieres que te acompañe? → 80 Soll ich dich begleiten?
Pepe quiere que le llame. Ich soll Pepe anrufen.

Übungen: I.11.3; I.8.2; I.10.2–4; I.14.3; I.14.5; I.14.6

152 *Quisiera hablar con Vd.* Ich möchte gern mit Ihnen sprechen.
Quisiera que Vd. me comprendiera mejor. Ich wollte, Sie würden mich besser verstehen.

quisiera – selten auch *querría* → 102 – bezeichnet einen höflich geäußerten Wunsch.

Übung: II.14.7

– *¿ Tú quieres poner una tienda ? – No puedo, no tengo el dinero suficiente.* Du willst ein Geschäft aufmachen? – Ich kann nicht, ich habe nicht genug Geld. **153**
– *¿ Podría Vd. ayudarme ?* Können/wollen Sie mir bitte helfen?
– *Me interesa este disco. ¿ Puedo oírlo ?* Kann ich die Schallplatte mal hören?
– *¿ Se puede ?* Darf man hier reinkommen?

poder bezeichnet jede Möglichkeit, die nicht speziell durch Erlernen oder besondere geistige Fähigkeiten gegeben ist. Vgl. 154. (In den Beispielen geht es um materielle und körperliche Voraussetzungen und um Erlaubnis.)

Übungen: I.12.2; I.11.1; I.20.2; I.22.3; III.14.1

¿ Sabe Vd. conducir ? Können Sie Auto fahren? **154**
Pepe siempre consigue lo que quiere. El sabe hablar. Pepe erreicht immer, was er will. Der kann reden... Er versteht es, das Richtige zu sagen.

saber bezeichnet eine erlernte oder angeborene geistige Fähigkeit. Vgl. 153.

Tienes que arreglar la lavadora. Du mußt die Waschmaschine reparieren. **155**
Lo hago enseguida. No tienes que llevar la ropa a la lavandería. Du brauchst die Wäsche nicht in die Wäscherei zu bringen.

tener que + Infinitiv bezeichnet eine Notwendigkeit, die durch einen äußeren Zwang gegeben ist. Vgl. deber → 150.

Vergleichen Sie die verschiedenen spanischen Entsprechungen für das deutsche Verb „brauchen".
No tienes que hacerlo tú. Das brauchst nicht du zu machen.
No tiene Vd. nada más que llamar. Sie brauchen nur anzurufen.
Necesito algo de comer. Ich brauche etwas zu essen.
¡ Cuánto tarda Amparo! Wie lange Amparo braucht! → 132

Übungen: I.7.4; II.8.5; III.10.1

Es para volverse loco. Das ist zum Verrücktwerden. **156**
¿ Cómo te has hecho periodista? Wie bist du Journalistin geworden?

¿A ti también te gustaría ser periodista? Würdest du auch gern Journalistin werden?
¿Se puso nervioso su marido? Wurde Ihr Mann nervös?

Die Beispiele zeigen die wichtigsten spanischen Entsprechungen für das deutsche Verb „werden“: *ser + Berufsangabe, hacerse, volverse, ponerse.*

Verben mit besonderer Satzkonstruktion

Hier sind einige Verben zusammengestellt, die nicht in 132 enthalten sind, weil ihnen seltener oder nie ein Infinitiv folgt. Andererseits kann vielen der in 132 aufgeführten Verben statt Infinitiv mit vorangehender Präposition auch eine Präposition mit Substantiv folgen, z.B. *me alegro del buen tiempo, se dedica al jardín* usw.
In die Zusammenstellung sind vor allem Verben aufgenommen, deren Konstruktion vom Deutschen abweicht.

157 *Le agradezco su ayuda.* Ich danke Ihnen für Ihre Hilfe.
Le advierto que ya es tarde. Ich mache Sie darauf aufmerksam, daß es schon spät ist.
Le advierto que no me moleste. → 82 Ich warne Sie davor, mich zu stören.
La antena está rota. Tenemos que cambiarla. Wir müssen die Antenne auswechseln.
Quisiera cambiarme de ropa. Ich möchte mich gern umziehen.
Al principio, a los comerciantes no les gustó la idea de la isla de peatones. Pero ya están cambiando de opinión. Die Geschäftsleute ändern bereits ihre Meinung.
Le voy a convencer a mi padre de que tengo razón. Ich werde meinen Vater davon überzeugen, daß ich recht habe.
La Guardia Civil trató de convencer a la genta para que dejaran libre la carretera. Die Guardia Civil versuchte die Leute dazu zu überreden, die Straße freizugeben.
Empecé a aburrirme y decidí marcharme/me decidí a marcharme. Ich beschloß wegzugehen, ich entschloß mich wegzugehen.
En vista de que la multa no da resultado, se han decidido por la persuasión. Da Geldstrafen nichts helfen, hat man sich für den Weg der Überredung entschieden.
¿Qué me exige Vd.? Was verlangen Sie von mir?
Pídale lo que quiera. Verlangen Sie von ihm, was Sie wollen.
¿Me permite que le pregunte una cosa, señorita? Darf ich Sie etwas fragen? (Darf ich Ihnen – *le* – eine Frage stellen?)
Le pregunté por su mujer. Ich fragte ihn/erkundigte mich nach seiner Frau.
Recuerdo estas calles de cuando era un niño. Ich erinnere mich an diese Straßen aus meiner Kindheit.
Le debo dinero. Recuérdemelo, por favor. Ich schulde Ihnen Geld, erinnern Sie mich bitte daran.

Übungen: I.22.2; II.8.8

Artikel und Geschlecht der Substantive

Im Deutschen wird das Geschlecht eines Substantivs eindeutig durch den Artikel bestimmt: *der* Wagen (männlich/maskulin), *die* Sonne (weiblich/feminin), *das* Auto (sächlich/neutral, Neutrum).
Im Spanischen ist es ähnlich – jedoch mit einigen Ausnahmen. Außerdem läßt sich bei den meisten Substantiven das Geschlecht auch an der Endung erkennen – jedoch nicht bei allen. Ein Neutrum gibt es im Spanischen nicht als Substantiv.

Der bestimmte Artikel

el libro m. *la casa f.* **158**
la acción f.
la ciudad f.
la mitad f.
la juventud f.

> Substantive mit dem *Artikel el* sind in der Regel *maskulin* (m.)
> Substantive mit der *Endung -o* sind in der Regel *maskulin* (m).
> Substantive mit dem *Artikel la* sind immer *feminin* (f).
> Substantive mit der *Endung -a* sind in der Regel feminin (f).
> Substantive mit der *Endung -ción*, *-dad*, *-tad*, *-tud* sind immer feminin.

Ein paar wichtige Ausnahmen:
Dame la mano. Gib mir die Hand.
¿Has oído la radio? Hast du Radio gehört?
El guía es muy simpático, ¿no te parece? Der Fremdenführer ist sehr nett, findest du nicht auch?

Übung: I.9.5

¿Está fría el agua? Ist das Wasser kalt? **159**
El hambre que tengo es terrible. – ¿Tienes tanta hambre? Ich habe furchtbar Hunger. – Soviel Hunger hast du?

agua und *hambre* sind Feminine, die mit betontem *a-* bzw. *ha-* beginnen. Sie haben im Singular den Artikel *el.*

Übungen: II.5.4. II.6.7

160 – *¿ A quién saluda Vd.? – Al señor Peralta.* Wen grüßen Sie? – Herrn P.
– *¿ De quién es el telegrama? – Del señor Peralta.* Von wem ist das Telegramm? – Von Herrn Peralta.

a + el = al   *de + el = del*

161 *Lo bonito de esta casa es la vista que tiene.* Das Hübsche an dem Haus ist der Blick, den es hat.
Lo mejor sería comprar la casa. Das beste wäre es, das Haus zu kaufen.
Lo primero que tienes que hacer es esto. Das erste, was du tun mußt, ist das hier.

Mit dem neutralen Artikel *lo* werden wie im Deutschen Adjektive – und vor allem Superlative – substantiviert.

Gelegentlich steht *lo* auch im Sinne von *la cosa, el asunto*:
Lo de la tienda no es ningún problema. Die Sache mit dem Geschäft ist gar kein Problem.
Me han preguntado lo de siempre. Sie haben mich das gleiche wie immer gefragt.

Übungen: I.12.9; I.14.11; I.15.1

→ **226**
Hágalo Vd. lo más rápidamente posible. Tun Sie es möglichst schnell.

Der unbestimmte Artikel

162 *un libro m.*   ein Buch   *una casa f.*   ein Haus

Der unbestimmte Artikel heißt im Spanischen *un* (m), *una* (f).

163 – *Tengo un hambre terrible. – ¿ Tanta hambre tienes?* Ich habe furchtbaren Hunger. – Soviel Hunger hast du?
– *Un agua mineral, por favor, bien fresca.* Bitte ein Mineralwasser, schön kühl.

agua und *hambre* sind Feminine – *tanta hambre, agua fresca* –, die mit betontem *a-* bzw. *ha-* beginnen. Sie haben im Singular den unbestimmten Artikel *un.*

Besonderheiten in der Verwendung des Artikels

El señor/la señora/la señorita Carreño viaja con Iberia. Herr/Frau/Frl. Carreño reist mit Iberia. **164**

Vor *señor, señora, señorita* (und Titeln wie *director, ministro* usw.) steht der *bestimmte Artikel.*

Der Artikel entfällt jedoch in der direkten Anrede:
¿ Cómo está Vd., señorita Carreño? Wie geht es Ihnen, Fräulein Carreño?

– *¿ Qué aprecia Vd. más en sus amigos? – La amistad y la sinceridad.* Was schätzen Sie am meisten bei Ihren Freunden? – Freundschaft und Aufrichtigkeit. **165**
Me intereso mucho por los idiomas. Ich interessiere mich für Sprachen.
– *¿ Qué color prefiere? – El azul, y el amarillo.* Welche Farben sind Ihnen am liebsten? – Blau und Gelb.

Die Beispiele zeigen, daß bei sehr allgemeinen Aussagen, in denen im Deutschen kein Artikel steht – Freundschaft ist etwas Schönes, Sprachen sind interessant, Blau ist eine schöne Farbe –, im Spanischen der bestimmte Artikel steht.

– *¿ Qué número de habitación tienes? – El 35.* Welche Zimmernummer hast du? – (Ich habe) 35.
¿ Tienes mi número de teléfono? Es el 52 45 00. Hast du meine Telefonnummer? 524500

Auch *Zahlen* werden im Unterschied zum Deutschen *mit Artikel* angegeben.

Es la una. Es ist ein Uhr. **166**
Son las dos. Es ist zwei Uhr.
Son las dos y cuarto/y veinte. Es ist Viertel nach/zwanzig nach zwei.
Son las tres y media. Es ist halb vier.
Son las cuatro menos veinticinco. Es ist fünf nach halb vier.
Son las cinco menos cuarto. Es ist Viertel vor fünf, dreiviertel fünf.
Nos encontramos a las siete. Wir treffen uns um sieben.

Salimos a las siete de la mañana. → 326. Wir fahren um 7 Uhr früh weg.

Die *Uhrzeit* wird mit dem Artikel *la* (hora), *las* (horas) angegeben.

Übungen: I.14.5; I.14.6; I.14.8; I.15.7; I.16.5; III.3.6

167 *Juan y Pepe tocan la guitarra.* Juan und Pepe spielen Gitarre.
Gregorio juega a las cartas con unos amigos. Gregorio spielt mit Freunden Karten.

Nach *jugar a* und *tocar* wird das gespielte Spiel bzw. Instrument mit *bestimmtem Artikel* angegeben.

168 *He visto una blusa y unos zapatos que me gustan mucho.* Ich habe eine Bluse und Schuhe gesehen, die mir sehr gefallen.
Roberto mete unas monedas en el teléfono para llamar a su novia. Roberto wirft ein paar Münzen ein, um seine Freundin anzurufen.

Der spanische unbestimmte Artikel hat eine Pluralform: *unos, unas*. Häufig steht *unos, unas* im Sinn von *algunos:* einige, ein paar.

Übung: I.10.5

169 *La fábrica tiene unos mil doscientos obreros.* Die Fabrik hat ungefähr zwölfhundert Arbeiter.
Para la comida, Mohamed gasta unas quinientas pesetas a la semana. Für Essen gibt er rund 500 Peseten in der Woche aus.
Carmona está a unos 35 kilómetros de Sevilla. Carmona ist etwa 35 km von Sevilla entfernt.

In ungefähren Zahlenangaben steht *unos, unas*.

Wegfall des Artikels

170 *– ¿Cuánto tiempo tardará en cambiar el aceite? ¿Media hora? – Vuelva Vd. dentro de hora y media.* Wie lange brauchen Sie für den Ölwechsel? Eine halbe Stunde? – Kommen Sie in anderthalb Stunden wieder.
¿No hay otro garaje por aquí? Gibt es keine andere Garage hier?

No importa, vamos a tomar otra cerveza. Macht nichts, trinken wir noch ein Bier.
A mí no me ha pasado nunca tal cosa. Mir ist nie eine derartige Sache/so etwas passiert.

> Vor *otro* und *medio* steht nicht der unbestimmte Artikel. Beachten Sie Verbindungen wie *hora y media, dos años y medio, tres kilos y medio.* Auch vor *tal* steht normalerweise nicht der unbestimmte Artikel. → 318

Übungen: I.10.9; I.20.5–7; II.10.5

Mis amigos están buscando piso. Meine Freunde suchen zur Zeit eine Wohnung. **171**
¿Sabías tú que Juan tiene novia? Wußtest du, daß Juan eine Freundin hat?
Pepe tiene coche, ¿verdad? Pepe hat ein Auto, nicht wahr?

> Dinge, die man normalerweise nicht mehrfach besitzt, werden nach *tener* und *buscar* ohne Artikel angegeben. (Vgl. im Deutschen: er hat Familie).

Bei genauerer Beschreibung steht jedoch der Artikel wie im Deutschen:
Están buscando un piso más grande. Juan tiene una novia muy simpática. Pepe tiene un coche estupendo.

¿Va Vd. en coche/en tren/en avión/en barco? Reisen Sie mit dem Wagen/Zug/Flugzeug/Schiff? **172**

> Nach *ir en, viajar en* usw. wird das Fortbewegungsmittel ohne Artikel angegeben.

a mediodía / a medianoche am Mittag/um Mitternacht **173**
en (la) primavera/en verano/en otoño/en invierno im Frühjahr/Sommer/Herbst/Winter
en enero/febrero/marzo/abril/mayo/junio/julio/agosto/setiembre/octubre/noviembre/diciembre im Januar usw.
de día/de noche am Tag, bei Tag/bei Nacht

> In einer Reihe feststehender Verbindungen (vor allem Zeitangaben) fehlt der Artikel.

Felipe II (Felipe Segundo) hizo construir el Escorial. Philipp II. ließ den E. bauen. **174**

> Kein Artikel steht bei der Zählung von Herrschernamen. → 240

Das Substantiv

Die Bildung des Plurals

175 *el periódico*	*los periódicos*	*la señorita*	*las señoritas*
die Zeitung	die Zeitungen	die junge Dame	die jungen Damen

Substantive mit Endung auf Vokal bilden den Plural mit *-s*.

el señor	*los señores*	*la ciudad*	*las ciudades*
el hotel	*los hoteles*	*la mujer*	*las mujeres*

Substantive mit Endung auf Konsonant bilden den Plural mit *-es*.

Übungen: I.3.6; I.5.2; I.5.4; I.9.4

176 *El lunes nos vamos a reunir con unos amigos, como todos los lunes.*
Am Montag treffen wir uns mit Freunden, wie jeden Montag.
– *He visto unos tocadiscos estupendos. – ¿No tienes tú un tocadiscos muy bueno?*
– Ich habe tolle Plattenspieler gesehen. – Hast du nicht einen sehr guten?

Substantive auf *-s* bleiben im Plural unverändert. Dies gilt nicht für endbetonte Substantive: *el autobús, los autobuses.*

177 *el balcón*	*los balcones*	*la habitación*	*las habitaciones*
el autobús	*los autobuses*		

Im Singular und Plural wird die gleiche Silbe betont. Dadurch können im Plural Akzente überflüssig werden.

Ausnahmen mit Verschiebung der Betonung sind:

el carácter	*los caracteres*	der Charakter
el régimen	*los regímenes*	das Regime; die Diät

Besonderheiten in der Verwendung von Singular und Plural

En el «Rincón de Aragón» siempre hay gente. La gente que lleva el restaurante es muy simpática. Im „Aragonesichen Winkel" sind immer Leute. Die Leute, die das Restaurant führen, sind sehr nett. **178**

la gente bezeichnet eine Mehrzahl von Personen, wird jedoch als Singular verwendet.

Mi familia es de los alrededores de Madrid. Meine Familie ist aus der Umgebung von Madrid. **179**
Conchita se ha comprado unos pantalones muy bonitos. Conchita hat sich eine sehr hübsche Hose gekauft.
¿Has visto mis gafas de sol? Hast du meine Sonnenbrille gesehen?
Muchas gracias. Vielen Dank.

Einige spanische Substantive werden nur im Plural verwendet.

Buenos días/buenas tardes/buenas noches. Guten Tag, guten Abend, gute Nacht. **180**

Die Tageszeiten stehen in den Grußformeln im Plural.

mi padre	*mis padres*	*mi hermano*	*mis hermanos*	**181**
mein Vater	meine Eltern	mein Bruder	meine Geschwister	

Der Plural (maskulin) von Personenbezeichnungen schließt Mann und Frau ein.

Die Deklination des Substantivs

El hotel es moderno.	das	Hotel	Nominativ	**182**
Las habitaciones del hotel son bonitas.	des	Hotels	Genitiv	
Debo al hotel 3.000 pesetas.	dem	Hotel	Dativ	
¿Conoces el hotel?	das	Hotel	Akkusativ	
La pensión es moderna.	die	Pension	Nominativ	
Las habitaciones de la pensión son bonitas.	der	Pension	Genitiv	
Debo a la pensión 3.000 pesetas.	der	Pension	Dativ	
¿Conoces la pensión?	die	Pension	Akkusativ	

Nominativ und Akkusativ sind gleich. Genitiv wird mit *de* gebildet, Dativ mit *a* → 160.

183 *Roberto llama a su novia.* Roberto ruft seine Freundin an.
Juan saluda a Carmen. Juan begrüßt Carmen.
Tengo que llamar al jefe. Ich muß den Chef anrufen.

Der Akkusativ für Personen wird mit *a* gebildet.

Diese Regel gilt nicht nur für Substantive:
¿A quién busca Vd.? Wen suchen Sie?
No busco a nadie. Ich suche niemand.

Übungen: I.5.3; III.16.4

184 *Buscamos una secretaria que lleve la correspondencia en francés.* → 93
Wir suchen eine Sekretärin, die die Korrespondenz auf französisch führt.
Necesitamos también una chica que sepa conducir. Wir brauchen auch ein Mädchen, das Auto fahren kann.
Tenemos una secretaria que no puede hacerlo todo. Wir haben eine Sekretärin, die nicht alles machen kann.

Der Akkusativ für Personen steht ohne *a*, wenn nicht eine konkrete Person erwähnt wird, sondern diese Person für eine bestimmte Aufgabe erst gesucht wird, also z.B. nach den Verben *buscar*, *necesitar*. Auch nach *tener* steht der Akkusativ der Person ohne *a*.

Übungen: III.6.4; III. 14.4; III.16.1; III.16.2

Das Adjektiv

Die Formen des Adjektivs

un hotel bonito	*una habitación bonita*	**185**
dos hoteles bonitos	*dos habitaciones bonitas*	
un señor alemán	*una señora alemana*	
dos señores alemanes	*dos señoras alemanas*	

El hotel es bonito. Es un hotel bonito.
La habitación es bonita. Es una habitación bonita.
La habitación está reservada.

> Das Adjektiv richtet sich in Zahl und Geschlecht nach dem Substantiv, auf das es sich bezieht.

Übungen: I.2.7; I.5.9; I.5.10; I.7.7; I.9.2; I.9.6; I.9.13; I.13.6; I.13.7; I.16.2; I.20.4; I.23.7; II.15.1

-o	moderno	moderna	modern	**186**
-dor	trabajador	trabajadora	arbeitsam (auch: Arbeiter, Arbeiterin)	
-án	alemán	alemana	deutsch	
-ol	español	española	spanisch	
-és	francés	francesa	französisch	

> Die meisten Adjektive sind zweiendig: sie haben eine feminine Form auf *-a*. Die Beispiele gelten als Modell für Adjektive gleicher Endung.

Übung: I.9.2

-e	un vestido elegante	una blusa elegante	**187**
-a	un amigo belga	una amiga belga	
	un chico muy optimista	una chica muy optimista	
-ior	el aspecto exterior	una habitación interior	

mejor	el mejor coche	la mejor solución
peor	en el peor de los casos	la peor desgracia
-z	un obrero capaz	una chica feliz
gris	un traje gris	una falda gris
azul	unos pantalones azules	una blusa azul
común	Pepe tiene sentido común	tenemos una base común

> Einige Adjektive sind einendig: die maskuline und feminine Form sind gleich. Hierzu gehören Adjektive auf *-e*, *-a*, *-z*, *-ior* sowie *mejor*, *peor*, *común*, *gris*, *azul*.

Übung: I.9.2

188 *El vino es buenísimo.* Der Wein ist hervorragend.
Esta cámara es baratísima. Der Fotoapparat ist spottbillig.

> Ein besonders hoher Grad der Eigenschaft wird durch die Endung *-ísimo*, *-ísima* ausgedrückt.

Veränderungen in der Schreibung:
largo *larguísimo* *poco* *poquísimo*

Übung: III.1.4

Die Stellung des Adjektivs zum Substantiv

189 *un desayuno inglés* ein (kräftiges) englisches Frühstück
una cámara alemana ein deutscher Fotoapparat
mi perfume preferido mein Lieblingsparfüm
un día libre ein freier Tag
agua mineral Mineralwasser
unos zapatos elegantes elegante Schuhe

> In allen Beispielen bezeichnet das Adjektiv ein wirkliches Unterscheidungsmerkmal. Es steht in diesem Fall nach dem Substantiv.

Tengo un piso propio. Ich habe eine eigene Wohnung.
Lo vio con sus propios ojos. Er sah es mit eigenen Augen. (Mit welchen sonst?)
Mi hermano tiene un piso muy pequeño. ... eine sehr kleine Wohnung.
Estoy buscando un pequeño piso. Ich suche eine (kleine) Wohnung. (Die Größe ergibt sich automatisch aus meinen finanziellen Verhältnissen usw.).
Tengo un disco muy bueno. Ich habe eine ganz tolle Platte.

Somos muy buenos amigos. Wir sind sehr gute Freunde. (Natürlich keine schlechten).
Miguel tiene un hermano muy famoso. Er hat einen berühmten Bruder. (Nicht jeder Bruder ist berühmt).
Vamos a ver el famoso museo. Wir gehen in das berühmte Museum. (Es gibt viele berühmte Museen, jedes will berühmt sein).
La lluvia se convirtió en una terrible riada. Der Regen wurde zu einer schrecklichen Überschwemmung. (Es gibt keine angenehme Überschwemmung).
Hacía un viento tremendo. Es ging ein fürchterlicher Wind. (Es gibt auch einen angenehmen, leichten Wind).

> Einige Adjektive stehen vor dem Substantiv, wenn sie keine starke Eigenbedeutung haben sollen. (Man könnte fast ohne Bedeutungsverlust auf sie verzichten: *busco un piso, somos amigos, vamos a ver el museo*).

Es la última revista que tengo. Es ist die letzte Zeitschrift, die ich habe. **190**
Es la primera vez que lo hago. Es ist das erstemal, daß ich das mache.
Voy con otro señor. Ich gehe mit einem anderen Herrn.
Vuelvo dentro de media hora. Ich komme in einer halben Stunde wieder.
¡Muchas felicidades! – Muchas gracias. Gratuliere. – Vielen Dank.
Hay muchísimo tráfico. Es gibt furchtbar viel Verkehr.
Vivimos en la misma pensión. Wir wohnen in derselben Pension.
No hace tanto calor como ayer. Es ist nicht so warm wie gestern.
Tengo que arreglar ciertos asuntos. Ich muß gewisse Dinge erledigen.

> Einige Adjektive stehen praktisch immer vor dem Substantiv. (Einige davon haben keine sehr starke Eigenbedeutung). Hierzu gehören *cierto, medio, mismo, mucho, otro, primero* (*segundo etc.*), *tanto, último*.

Hace buen día. Es ist schönes Wetter, ein schöner Tag. **191**
No hace mal tiempo. Es ist kein schlechtes Wetter.
¿Sales con algún amigo? Gehst du mit (irgend)einem Freund aus?
Aquí no tengo ningún amigo. Hier habe ich keinen Freund.
Es el primer año que no voy. Es ist das erste Jahr, daß ich nicht hinfahre.
Pantalones, en el tercer piso. Hosen im dritten Stock.

> *bueno, malo, alguno, ninguno, primero. tercero* werden meistens vor das Substantiv gestellt. Vor maskulinen Substantiven im Singular werden sie verkürzt.

Übungen: I.11.2; I.16.6; I.21.2; I.21.13

192 *Gran parte de mi familia es de Madrid.* Ein großer Teil meiner Familie ist aus Madrid.
Vicente es un gran cantante. Vicente ist ein großer Sänger.
Nuestro restaurante será mejor que cualquier otro. Unser Restaurant wird besser sein als irgendein anderes.
Estará abierto a cualquier hora. Es wird zu jeder Tageszeit geöffnet sein.

grande und *cualquiera* → 314 werden vor Substantiven (oder Pronomen) im Singular verkürzt. (*gran* vor dem Substantiv hat oft die Bedeutung: großartig).

Beachten Sie, daß dem deutschen Wort „groß" im Spanischen oft *mucho/tanto* entspricht:
Tengo mucha hambre/mucha sed. Ich habe großen Hunger/Durst.
Tengo muchas ganas de salir. Ich habe große Lust auszugehen.
No sabía que tenía tanto interés en eso. Ich wußte nicht, daß Sie so großes Interesse daran haben.

Übungen: II.9.3; III.5.1; III.11.1

Vergleich und Steigerung des Adjektivs

Zur Einleitung dieses Kapitels eine Übersicht über die wichtigsten regelmäßigen und unregelmäßigen Formen:

Adjektiv	Gleichheit	Ungleichheit	höchster Grad
caro	tan caro como	más caro que	el más caro
		menos caro que	el menos caro
mucho	tanto	más	–
poco	tan poco	menos	–
bueno	tan bueno	mejor	el mejor
malo	tan malo	peor	el peor
grande	tan grande	más grande	el más grande
		mayor	el mayor
pequeño	tan pequeño	más pequeño	el más pequeño
		menor	el menor

Die Form, die Ungleichheit angibt, heißt Komparativ, z. B. *más caro, mejor.*
Die Form, die den höchsten Grad angibt, heißt Superlativ, z. B. *el más caro* der teuerste *el mejor* der beste, *el más pequeño* der kleinste.

193 *La Sierra Nevada no es tan alta como el Teide, que está en las Islas Canarias.* Die Sierra Nevada ist nicht so hoch wie der Teide auf den Kanarischen Inseln.

Gleicher Grad der Eigenschaft wird ausgedrückt durch
tan + Adjektiv + como: tan alto como, tan caro como, tan bueno como.

Übung: I.13.6

El Teide es más alto que la Sierra Nevada. Der Teide ist höher als die Sierra Nevada. **194**
Madrid es más grande que Sevilla. Madrid ist größer als Sevilla.
El tabaco rubio me parece menos fuerte que el negro. Der helle Tabak scheint mir weniger stark als der schwarze.

Ungleichheit, also einen höheren oder geringeren Grad der Eigenschaft, bezeichnet *más + Adjektiv + que* oder *menos + Adjektiv + que: más bonito que, más grande que, menos caro que* usw.
Einige Adjektive haben eine eigene Komparativform → 197–198, 200.

Übungen: I.13.7; I.14.9

En la Sierra Nevada se halla la montaña más alta de la Península. In der Sierra Nevada ist/liegt das höchste Gebirge der Iberischen Halbinsel. **195**
Madrid y Barcelona son las ciudades más grandes de España. Madrid und Barcelona sind die größten Städte Spaniens.
¿Sabes qué es lo más bonito del mundo? Weißt du, was das Schönste auf der Welt ist?

Steht bei der Komparativform – *más alto, más grande* – ein Substantiv mit bestimmtem Artikel – *la montaña más alta* –, so wird sie als Superlativ verstanden: der höchste Berg.
Der Artikel kann auch neutral sein: *lo más caro, lo más bonito* usw.

Statt des Artikels kann auch ein Possessivpronomen stehen:
Su hermano más inteligente es Pepe. Sein intelligentester Bruder ist Pepe.

Übungen: I.13.10; I.14.11

Aquí no hace tanto frío como en el Norte. Hier ist es nicht so kalt wie im Norden. **196**
Yo no sabía que tú tenías tan poco sentido común. Ich wußte nicht, daß du so wenig gesunden Menschenverstand hast.

tanto como und *tan poco como* bezeichnen eine Gleichheit der Menge.

Übung: I.14.12

197 *Aquí hace más calor que en el Norte.* Hier ist es heißer als im Norden.
Creía que tenías más dinero que yo. Ich glaubte, du hättest mehr Geld als ich.
Aquí hay menos extranjeros que en la costa. Hier gibt es weniger Ausländer als an der Küste.

más que bzw. *menos que* bezeichnen eine Ungleichheit der Menge.

Übung: II.5.5

198 *Este vino no me gusta. Toma éste, es mejor.* Nimm diesen Wein, er ist besser.
No tomes el otro. Es peor todavía. Nimm nicht den anderen, er ist noch schlechter.

Die Komparative von *bueno* und *malo* sind *mejor* und *peor.*

199 *– ¿«Sol y mar» es el mejor aquí? – Por lo menos uno de los mejores.* Ist «Sol y mar» das beste Hotel hier? – Zumindest eines der besten.
¿Cuál sería su peor desgracia? Was wäre Ihr größtes Unglück?

Superlative von *bueno* und *malo: el/la/lo mejor, el/la/lo peor.*

Übung: I.14.9

200 *Un número cada vez mayor de personas tiene que hacer viajes de ida y vuelta a distancias cada vez mayores.* Eine immer größere Zahl von Menschen muß immer weitere Strecken hin und zurück fahren.
Los hermanos menores de Teresa van a la escuela. Die jüngeren Geschwister von Teresa gehen noch in die Schule.

Zu *grande* und *pequeño* gibt es neben den regelmäßigen Komparativen *más grande* und *más pequeño* → 194, die vor allem bei meßbaren Größen angewendet werden, auch die Formen *mayor* und *menor.* Sie erscheinen häufiger im Superlativ → 201.

La industria es de la mayor importancia para nuestro país. Die Industrie ist von größter Bedeutung für unser Land. 201
Lo que dice ese señor no tiene la menor importancia. Was der Herr sagt, hat nicht die geringste Bedeutung.

> Zu *grande* und *pequeño* gibt es neben den regelmäßigen Superlativen *el más grande* bzw. *el más pequeño* → 195, die vor allem bei meßbaren Größen angewendet werden, auch die Formen *el mayor* bzw. *el menor*.

Sonderbedeutungen von *mayor/menor*:
El hijo mayor de mi hermano se llama Pedro. Der älteste Sohn meines Bruders heißt Pedro.
La película no es apta para menores. Der Film ist nicht jugendfrei.
Mi hija menor se llama Claudia. Meine jüngste Tochter heißt Claudia.

Hombre, eres más inteligente de lo que pensaba. Mensch, du bist ja intelligenter, als ich dachte. 202
El hotel costó más de lo que había creído. Das Hotel kostete mehr, als ich geglaubt hatte.

> Wird nach einem Komparativ der Vergleich durch ein Verb zu Ende geführt – mehr als ich dachte, besser als ich glaubte usw. –, so steht nicht *que*, sondern *de lo que: mejor de lo que esperaba.*

Übungen: II.2.6; II.5.5

Cerca de aquí hay un aparcamiento con más de 6000 plazas. In der Nähe gibt es einen Parkplatz/ein Parkhaus mit mehr als 6000 Abstellplätzen. 203
A menos de un kilómetro hay una playa muy bonita. In einer Entfernnug von weniger als einem Kilometer ist ein sehr schöner Strand.

> Vor Zahlen steht *más de* bzw. *menos de.*

Übungen: I.11.6; II.5.5; III.17.1

El hotel no costó más que 400 pesetas. Das Hotel kostete nur 400 Peseten. 204
Habíamos invitado a veinte amigos, pero vinieron nada más que doce. Wir hatten zwanzig Freunde eingeladen, aber es kamen nur zwölf.

no más que oder *nada más que* steht vor Zahlen im Sinne von „nur"

Übungen: I.20.6; III.17.1

205 *Los pisos son cada vez más caros, pero también tienen cada vez más confort.* Die Wohnungen werden immer teurer, aber sie haben auch immer mehr Komfort.
En nuestra fábrica trabajan cada vez menos españoles. In unserer Fabrik arbeiten immer weniger Spanier.

cada vez más caro immer teurer, *cada vez más grande* immer größer usw.

Übung: III.11.3

206 *En un radio no superior a los 350 metros existen aparcamientos para 6000 coches.* In einem Radius von nicht mehr als 350 Metern gibt es Parkmöglichkeiten für 6000 Autos.

Beachten Sie die Verbindung *superior a.*

207 *Hay que procurar a la mujer iguales derechos que al hombre.* Man muß der Frau die gleichen Rechte verschaffen wie dem Mann.
Quieren pagarme lo mismo que a la otra secretaria que tienen. Sie wollen mir das gleiche zahlen wie der anderen Sekretärin, die sie haben.
La mujer que es diferente de las demás puede resultar muy interesante. Eine Frau, die anders ist als die anderen, kann sehr interessant sein.

Nach *igual* und *mismo* steht *que*, nach *diferente* steht *de.*

Das Adverb

Das Adverb (oder „Umstandswort“) ist eine ebenso wichtige wie problemlose Wortart. Über die meisten dieser Wörter brauchen Sie nicht mehr nachzudenken, wenn Sie sie erst einmal kennengelernt haben. Sie haben eine einzige, unveränderliche Form und in vielen Fällen auch nur eine Bedeutung, gehören also in erster Linie in den Bereich des Wortschatzes und müssen nicht vollständig in einer Grammatik aufgezählt werden. Dennoch fassen wir die wichtigsten Adverbien und zusammengesetzten adverbiellen Ausdrücke ihrer Bedeutung entsprechend in Gruppen zusammen → 210–216, um das systematische Wiederholen zu erleichtern.

Mi amiga francesa es una guía perfecta. Habla perfectamente el español. Meine französische Freundin ist eine perfekte Fremdenführerin. Sie spricht perfekt Spanisch. **208**
El programa oficial del Congreso dura cuatro días. Oficialmente termina mañana. Das offizielle Programm dauert vier Tage. Offiziell endet es morgen.
El vestido que lleva Carolina es muy elegante. Siempre va vestida muy elegantemente.

> Aus der weiblichen Form des Adjektivs – die sich nicht bei allen Adjektiven von der männlichen Form unterscheidet → 187 – kann durch Anhängen von *-mente* ein Adverb gebildet werden.
> Das Adverb gibt meist eine zusätzliche Information zum Verb: *habla perfectamente, termina oficialmente, va vestida elegantemente.* Es kann aber auch eine genauere Angabe zu einem Adjektiv oder zu einem anderen Adverb enthalten: *estoy perfectamente bien, la vida es terriblemente cara.*

Übung: I.20.12

¿Quién conduce *primero*? Wer fährt als erster/zuerst? **209**
Allí hay un telesquí *bastante* largo. Aquí viene a esquiar *bastante* gente. Dort ist ein ziemlich langer Skilift. Es kommen ziemlich viele Leute her.
– ¿No hay un tren más *temprano*? – ¿Tan *temprano* quiere salir Vd.? Gibt es keinen früheren Zug? – Was, so früh wollen Sie wegfahren?
Ese coñac cuesta *sólo/solamente* 100 pesetas. Der Cognac kostet nur 100 Ptas.
Estoy *seguro* que ya es más tarde. *Seguro* que no funciona el reloj. Ich bin sicher, daß es schon später ist. Sicherlich geht die Uhr nicht.

No hable Vd. tan *rápido*. Sprechen Sie nicht so schnell.
Ferrer bajó *rápido/rápidamente* las escaleras. Er ging schnell die Treppe hinunter.
– ¿Tiene *mucho* trabajo Andrés? – Sí, trabaja *mucho*. Hat er viel Arbeit? – Ja, er arbeitet viel.
– ¿Por qué trabaja *tanto*? – Porque tiene *tanto* trabajo. Warum arbeitet er soviel? – Weil er soviel Arbeit hat.
– Yo suelo dormir *pocas* horas. – Yo no podría dormir tan *poco*. Ich schlafe meist nur wenige Stunden. – Ich könnte nicht so wenig schlafen.
– Pepe tiene *muchas* ideas. – *Demasiadas*. No hace nada porque habla *demasiado* de sus ideas. Pepe hat zu viele Ideen. Er tut nichts, weil er zuviel von seinen Ideen spricht.
Hable Vd. más *alto*. No hable Vd. tan *bajo*. Sprechen Sie lauter. Sprechen Sie nicht so leise.
Eso lo he comprado muy *caro*/muy *barato*. Das habe ich sehr teuer/billig gekauft.

> Die männliche Form einer Reihe von Adjektiven wird auch als Adverb verwendet. (In den Beispielen ist angegeben, wenn neben dieser Form auch das Adverb auf *-mente* möglich wäre).

210 Me gusta ir *a pie*. zu Fuß
Mira, esto se hace *así*. so
Estoy *bastante* cansado. ziemlich
Le pagan *bien/mal*. gut/schlecht
Le acompaño *con mucho gusto*. gern
De esta forma/de esta manera ahorramos tiempo. so/auf diese Weise
Esto me aburre *de tal forma/de tal manera que* me voy. so, so sehr
Hay que hacerlo *de otra forma/de otra manera*. anders
Pablo se marchó *muy de prisa*. eilig, schnell
De pronto se abrió la puerta. plötzlich
De repente se levantó para marcharse. plötzlich
Todo eso va *muy despacio*. langsam
Lo digo *en serio/en broma*. ernst/im Spaß
¿Por qué no lo hace Vd. *igual que* yo? ebenso → 207
Paco trabaja *mucho/poco*. viel/wenig
Esto me gusta *mucho*. sehr
La situación es *poco* agradable. gar nicht
Lo estoy aprendiendo *poco a poco*. allmählich
Nos hemos encontrado *por casualidad*. zufällig
Lo había olvidado *por completo*. völlig

Diese Adverbien geben Auskunft auf die Frage: wie? Sie beschreiben also entweder die Art und Weise (*voy a pie*) oder den Grad der Intensität (*me aburre de tal forma*).

Übungen: I.17.2 (bastante); II.10.4 (con mucho gusto); II.16.4 (mucho); III.14.1 (con mucho gusto)

Yo vivo *abajo/arriba*, en la ciudad. unten/oben **211**
El coche está *ahí/allí/aquí*. dort/dort/hier
Vamos *allá/allí*. dorthin
Hay muchos extranjeros *por allí/por aquí*. → 322 dort/hier
Mi amigo vive *al lado*. nebenan
Yo estaba *delante/detrás*. vorn/hinten
Mis amigos estaban *dentro/fuera*. drinnen/draußen
Había una mesa y *encima*, una máquina de escribir. darauf
Mi novia vive *enfrente*. gegenüber
Pepe tiene amigos *en todas partes*. überall
Te he buscado *por todas partes*. → 322 überall

Diese Adverbien geben Auskunft auf die Fragen: wo/wohin?

Yo estaba *aquí mismo*. genau hier
Allí mismo nos habíamos encontrado. ebendort, an derselben Stelle

Die Ortsangaben *aquí* und *allí* können durch *mismo* besonders unterstrichen werden.

Ahora trabajo en Madrid. *Antes* trabajaba en Barcelona. jetzt/früher **212**
Ahora no tengo tiempo. ¿Puedes venir *más tarde?* jetzt/später
Me llamaron *ayer/anoche/anteayer* por teléfono. gestern/gestern abend/vorgestern
Esto lo hago *hoy/mañana/pasado mañana*. heute/morgen/übermorgen
No puedo hacerlo todo *a la vez*. gleichzeitig
Espero llegar *a tiempo*. rechtzeitig
Aún/todavía es tiempo. noch
A las dos comemos. *Antes/después* tengo mucho que hacer. vorher/nachher
Quisiera hablar con Vd. *cuanto antes*. so bald wie möglich
Voy *enseguida*. sofort
Me casé hace cinco años. *Entonces* tenía cuarenta años. damals
Espérame un momento, vuelvo *enseguida*. Puedes tomar un café *entretanto*. inzwischen

Hablé con ella *hace poco/hace tres días.* kürzlich/vor drei Tagen
Primero fuimos de compras, *luego* tomamos un aperitivo, y *después* fuimos a comer a casa. zuerst..., dann..., dann...
Yo *nunca/siempre* he dicho esto. nie/immer
La situación va a cambiar *pronto.* bald
Volvimos a casa bastante *tarde/temprano.* spät/früh
Hasta ahora no ha pasado nada importante. bisher
Por fin viene Enrique. endlich
¿*Ya* sabes lo que ha pasado? schon
Ya no vivo con mis padres. nicht mehr
A veces/de vez en cuando no sé qué hacer. manchmal
Esto me ha pasado *una vez/dos veces/varias veces.* einmal/zweimal/öfter
Espero que esto no pase *otra vez/de nuevo.* noch einmal, wieder
Estoy en Madrid *por primera vez/por segunda vez.* zum erstenmal/zweitenmal

> Diese Adverbien geben Auskunft auf die Fragen: wann?, wie oft?, zum wievielten Mal?

Lo voy a hacer *hoy mismo/ahora mismo.* noch heute/jetzt sofort
Mañana mismo te lo diré. schon morgen, sofort morgen

> Die Zeitangaben *ahora, hoy, ayer, mañana* usw. können durch *mismo* besonders betont werden.

Übungen: I.20.11; II.2.4; II.2.7; II.3.1; II.4.1; II.4.2; II.4.7; II.5.4; II.6.5; II.8.1

213 Estoy *algo/un poco* desilusionado. etwas, ein wenig
Pagamos 1.000 pesetas *a medias*, 500 cada uno. halb, zur Hälfte
Los precios han aumentado *bastante.* ziemlich
Este trabajo está *casi* terminado. fast, beinahe
Vd. trabaja *demasiado.* zuviel, zu sehr
En parte, comprendo lo que Vd. dice. teilweise
Yo no sé *más/menos* que Vd. mehr/weniger
Le conozco *muy* bien. sehr
El aparato me parece *poco* práctico. nicht sehr
Cuesta 600 pesetas *como máximo.* höchstens
Por lo menos cuesta 400 pesetas. mindestens
El agua mineral no es *tan* barata como el vino. so/so sehr

Diese Adverbien geben Auskunft auf Fragen wie: wie weit?, in welchem Maße?, bis zu welchem Grad?

A lo mejor/quizás/tal vez vienen mis padres. vielleicht → 79 **214**
El jefe *apenas* habla conmigo. kaum
Desde luego se lo cuento todo a mi mujer. natürlich, selbstverständlich
No sé si lograré hablar con él, pero *de todos modos* haré todo lo posible. auf jeden Fall
En fin, ¡qué le vamos a hacer! nun ja... (achselzuckend)
En general, no hay problemas. im allgemeinen
Nos tratan bastante bien en la fábrica. *Incluso* nos dan clase de francés. sogar
Yo no diría que su coche es azul. Es *más bien* verde. (eigentlich) eher
El mar tiene hoy *más o menos* el mismo color que ayer. ungefähr
Allí vienen *por fin* tus amigos. endlich
Por suerte no pasó nada grave. zum Glück
Pablo tiene coche, *por supuesto*. natürlich

Dies sind die wichtigsten Adverbien, mit denen man einen persönlichen Kommentar zu Handlungen, Sachverhalten oder Eigenschaften gibt.

Übungen: I.11.9; I.13.1; I.15.5; I.19.4; II.1.7; II.11.7; II.14.5; III.10.2

Inés es guapa e inteligente. *Y además*, es muy simpática. außerdem **215**
Esta noche vamos al cine. *A propósito*, ¿has visto esa nueva película francesa? übrigens
Por fin he encontrado un piso muy bueno. Es grande, tranquilo, está cerca del parque... *total*, estoy muy contento. also, alles in allem
– ¿Y tú tienes que pagar el viaje? – ¡Qué va! Lo paga la casa. – Ah, *entonces* es otra cosa. dann (wenn das so ist)
Me interesan mucho los precios de aquí. ¿Cuánto cuesta, *por ejemplo*, un SEAT? zum Beispiel
Por una parte, muchos precios son los mismos que en otros países, *por otra* (*parte*) hay cosas que todavía son más baratas. einerseits ... andererseits

Diese Adverbien helfen Gedanken zu gliedern.

Übungen: I.10.11; I.16.5; I.23.11

216 – ¿Viene Vd. mañana? – *Sí/no.* ja/nein
– ¿Viene Pepe mañana? ¿Qué ha dicho? – *Que sí/que no.* ja/nein
– ¿Viene Pepe mañana? – *Creo que sí/que no.* Ich glaube schon/nicht.
– ¿Le molesta que fume? – *De ninguna manera/en absoluto.* keineswegs, gar nicht
El personal del hotel era *poco* amable. nicht sehr, gar nicht

Dies sind die wichtigsten Adverbien, die der Bejahung und Verneinung dienen.

Übung: II.10.6

217 *Este paisaje me gusta mucho.* Die Landschaft gefällt mir sehr.
Carmen es muy guapa. Carmen ist sehr hübsch.
Habla muy bien el francés. Sie spricht sehr gut Französisch.

mucho steht als Adverb beim Verb: *me gusta mucho, te quiero mucho.* *muy* steht vor Adjektiven und Adverbien: *muy guapa, muy bien, muy tarde.*

Übungen: I.21.10; II.8.8; II.16.4

218 *Carmen es mucho más inteligente que su hermana.* viel intelligenter
Ahora, Paco trabaja mucho más que antes y va mucho menos al cine. viel mehr, viel weniger
En el nuevo piso estamos mucho mejor que en el anterior. viel besser

mucho steht vor Komparativen des Adjektivs – *mucho más inteligente* – oder des Adverbs – *mucho más, mucho menos, mucho mejor.*

219 *Este paisaje me gusta tanto que siento tener que marcharme.* Die Landschaft gefällt mir so sehr, daß es mir leid tut, wegfahren zu müssen.
La hermana de Carmen es tan guapa como ella. so hübsch
Habla el francés tan bien como ella. so gut

tanto steht als Adverb beim Verb; vgl. *mucho* → 217 *tan* steht vor Adjektiven oder Adverbien; vgl. *muy* → 217.

Übungen: I.18.1; II.3.1; II.4.1

– *¿Cómo estás?* – *Bastante bien.* Recht gut. 220
– *¿Cómo estás?* – *Bastante mal/malo.* Ziemlich schlecht.

estar bien bezeichnet gutes körperliches Befinden. Für das Gegenteil wird neben *estar mal* auch *estar malo* verwendet.

Vgl. Übung I.11.10

Los recién casados han llegado al hotel. die frisch Verheirateten 221
Se han casado recientemente. kürzlich

recientemente wird verkürzt zu *recién*, wenn es vor einem Partizip steht.

Me gusta ir a pie. Ich gehe gern zu Fuß. 222
Pepe habla muy bien. Pepe spricht sehr gut.
Hay que hacerlo de otra forma. Man muß das anders machen.
Esto me gusta mucho. Das gefällt mir sehr.

Adverbien, die unmittelbar angeben, wie eine Handlung geschieht, stehen normalerweise nach dem Verb.

Ahora no tengo tiempo. No tengo tiempo ahora. Ich habe jetzt keine Zeit.
El congreso termina oficialmente mañana. Oficialmente, el congreso termina mañana. Offiziell geht der Kongreß morgen zu Ende.

Adverbien, die nicht so unmittelbar dem Verb zugeordnet sind, sind in der Stellung freier. Das gilt vor allem für viele Orts- und Zeitangaben → 211, 212.

Carmen es bastante inteligente. Carmen ist ziemlich intelligent.
Ayer llegó bastante tarde. Gestern kam sie ziemlich spät.

Adverbien stehen vor dem Adjektiv oder Adverb, dem sie zugeordnet sind.

Vergleich und Steigerung des Adverbs

Zur Einleitung dieses Kapitels eine Übersicht über die wichtigsten regelmäßigen und unregelmäßigen Formen:

Adverb	Gleichheit	Ungleichheit	höchster Grad
despacio	tan despacio	más despacio	→ 224
de prisa	tan de prisa	más de prisa	→ 226
bien	tan bien	mejor	
mal	tan mal	peor	
mucho	tanto	más	
muy (caro)	tan (caro)	más	
poco	tan poco	menos	

Für den Vergleich und die Steigerung der Adverbien gelten in den meisten Fällen die gleichen Regeln und Konstruktionen wie beim Adjektiv → 193–207. Darum genügt im folgenden meist das Beispiel mit dem Hinweis auf die entsprechende Konstruktion mit Adjektiv.

223 *No trabaje Vd. tan despacio/tan de prisa.* Arbeiten Sie nicht so langsam/so schnell. → 193
No trabaje Vd. tanto/tan poco. Arbeiten Sie nicht soviel/so wenig.
– *El hotel es muy caro, ¿ no? – No tan caro como pensaba.* Nicht so teuer wie ich dachte. → 193

Übung: I.18.1

224 *Mañana me levantaré más temprano que hoy.* früher als heute → 194
Pepe se marchó más de prisa que normalmente. eiliger als sonst → 194
Hoy me siento mejor que ayer. besser als gestern → 198
El tiempo está peor que nunca. schlechter als je zuvor → 198
Este vino me gusta más que el otro. besser als der andere → 197
Paco trabaja más que su hermano. mehr als sein Bruder → 197
Su hermano trabaja menos que él. weniger als er → 197
– *¿ Es muy caro el coche? – No es más caro que otros.* teurer als andere → 194

Anm. Einen Superlativ wie beim Adjektiv → 155, → 199 oder wie im Deutschen – am schnellsten, am frühesten usw. – gibt es im Spanischen nicht. Man kann jedoch durch eine Umschreibung das gleiche ausdrücken:
El que mejor trabaja es Paco. Derjenige, der besser (als alle anderen) arbeitet, ist Paco = Paco arbeitet am besten. Vgl. 226.

225 *España me gustó más de lo que esperaba.* Spanien gefiel mir besser, als ich erwartet hatte. → 202
Todo funciona mejor de lo que creía. besser als ich glaubte

Übung: II.2.6

¡Taxi! A la estación, lo más rápidamente posible. schnellstmöglich, so schnell wie möglich 226
No puedo hacer más. Lo he hecho todo lo mejor posible. so gut wie möglich

lo + Komparativ + posible: so (gut, schnell usw.) wie möglich

Los precios suben cada vez más. → 205 Die Preise steigen immer mehr. 227
Paco habla cada vez mejor. Paco spricht immer besser.
El paisaje me gusta cada día más. Die Landschaft gefällt mir immer besser.

Die Verwendung spanischer Verben statt deutscher Adverbien

Es gibt Sachverhalte, die im Deutschen mit einem Adverb ausgedrückt werden, für das es im Spanischen keine direkte Entsprechung gibt. Häufig wird dafür im Spanischen eine Konstruktion mit Verb eingesetzt.

El señor Ferrer *acaba de salir.* Herr Ferrer ist *gerade* weggegangen. 228
Lo que dice Vd. *no acaba de convencerme.* Was Sie sagen, überzeugt mich *nicht ganz.*
Tú no puedes *continuar trabajando/seguir trabajando* así. → 144 Du kannst nicht so *weiterarbeiten.*
Espero que Pepe venga *a tiempo.* → 228 Hoffentlich kommt Pepe *rechtzeitig.*
Los niños *están viendo* la televisión. → 143 Die Kinder sehen *gerade* fern.
Me gusta el vino. Ich trinke *gern* Wein. (vgl. preferir)
Insisto en que dejes de fumar. → 80 Ich sage dir, du mußt *unbedingt* aufhören zu rauchen.
Parece que ya no fumas tanto. *Anscheinend* rauchst du nicht mehr so viel.
Hay vino y sangría, *¿qué prefieres?* Wein oder Sangría – was trinkst du *lieber?* (vgl. gustar)
Me he quedado sin dinero. Ich habe kein Geld *mehr.*
¿Sigues viviendo en el mismo piso? → 144 Wohnst du *immer noch* in derselben Wohnung? (vgl. continuar)
Siento no poder hacer más por Vd. Ich kann *leider* nicht mehr für Sie tun.
A las cinco *suelo estar* en casa. Um fünf bin ich *normalerweise* zuhause.
Supongo que esto le interesará. Das interessiert Sie *vermutlich.*
Voy a llamar a mi padre. Ich rufe *gleich* meinen Vater an.

Diese Verbalkonstruktionen – vielleicht mit Ausnahme von *insistir* – werden häufig gebraucht und sollten auch dem Lernenden geläufig sein.

Übungen: I.21.3; I.21.6; I.21.9; I.22.5; II.6.7; II.7.1

Das Zahlwort

Die Grundzahlen

229 1 uno → 230
2 dos
3 tres
4 cuatro
5 cinco
6 seis
7 siete
8 ocho
9 nueve
10 diez
11 once
12 doce
13 trece
14 catorce
15 quince
16 dieciséis
17 diecisiete
18 dieciocho
19 diecinueve
20 veinte
21 veintiuno → 230
22 veintidós
23 veintitrés
24 veinticuatro
25 veinticinco
26 veintiséis
27 veintisiete
28 veintiocho
29 veintinueve
30 treinta
31 treinta y uno → 230
32 treinta y dos etc.

40 cuarenta
41 cuarenta y uno → 230
42 cuarenta y dos etc.

50 cincuenta
60 sesenta
70 setenta
80 ochenta
90 noventa
100 cien

101 ciento uno → 230
102 ciento dos
103 ciento tres etc.

200 doscientos → 231
300 trescientos
400 cuatrocientos
500 quinientos
600 seiscientos
700 setecientos
800 ochocientos
900 novecientos
1.000 mil

2.000 dos mil
5.000 cinco mil
100.000 cien mil
200.000 doscientos mil → 231
500.000 quinientos mil → 231
1.000.000 un millón
1.000.000.000 mil millones (1 Milliarde)

Übungen: I.11.5; I.13.8; I.13.9; I.14.8; I.15.6; I.15.7; I.16.10; I.24.11; II.10.9; III.3.7

uno, dos, tres	eins, zwei, drei	*una hora*	eine Stunde	**230**
un minuto	eine Minute			
veintiún minutos	21 Minuten	*veintiuna horas*	21 Stunden	
ciento un dólares	101 Dollar	*ciento una personas*	101 Personen	

> Vor maskulinen Substantiven wird *uno* verkürzt zu *un*. Dies gilt auch bei zusammengesetzten Zahlen.

doscientos marcos	*doscientas pesetas*	**231**
trescientos mil marcos	*trescientas mil pesetas*	

> Die Hunderter – von 200 bis 900 – richten sich im Geschlecht nach dem zugehörigen Substantiv.

Übungen: I.18.4; I.18.6; I.18.8; I.24.11; II.10.9

noventa y ocho, noventa y nueve, cien – 98, 99, 100 **232**

cien marcos	*ciento un marcos*	101,– DM
cien pesetas	*ciento una pesetas*	101 Ptas.
cien mil pesetas	*ciento cincuenta mil*	150.000
cien millones de pesetas	*el diez por ciento*	10% → 238

> *ciento* steht in Verbindung mit einer darauffolgenden kleineren Zahl und in Prozentangaben. → 238
> In allen anderen Fällen – also beim Zählen, vor Substantiven und vor den größeren Zahlen *mil* und *millones* – steht *cien.*

«Un millón de muertos» es una novela sobre la guerra civil española. „Eine Million Tote" ist ein Roman über den spanischen Bürgerkrieg. **233**
Habrá que invertir miles de millones en las zonas turísticas. Man wird Milliarden in den Fremdenverkehrsgebieten investieren müssen.

> *millón* ist ein Substantiv, daher: *un millón de …, dos millones de….*
> Da das Wort „Milliarde" im Spanischen nicht existiert, wird auch bei größeren Zahlen mit Millionen gerechnet:
> 2,5 Mrd. = 2.500.000.000 = *dos mil quinientos millones*

Übung: III.3.7

234 *En 1976 fui por primera vez a España.* 1976 fuhr ich zum erstenmal nach Spanien.

> Jahreszahlen werden nicht wie im Deutschen gebildet – neunzehnhundert... –, sondern *mil novecientos...*
> Die Jahreszahl wird mit *en* genannt, wenn nicht Monat oder Jahreszeit angegeben sind: *en 1976.* → 235

235 *Yo nací el 31 (treinta y uno) de agosto de 1930.* Ich wurde am 31. 8. 30 geboren.
Madrid, 5-4-1977 (cinco de abril de mil novecientos setenta y siete).
Yo vine aquí en el mes de agosto de 1975/en el verano de 1975. Ich kam im August/im Sommer 1975 hierher.

> Bei der Angabe des Datums werden Grundzahlen verwendet. Jahreszahl → 234.
> Zwischen Tag, Monat und Jahr wird jeweils *de* gelesen, auch wenn beim Datum häufig nur Zahlen geschrieben werden.

Beim Monatsersten wird meist die Ordnungszahl verwendet:
el primero de mayo/el día uno de mayo der 1. Mai/am 1. Mai

Übungen: I.23.11; II.10.10

236 *Teresa tiene 17 años. Su padre tiene unos 50.* Teresa ist 17 Jahre alt, ihr Vater ungefähr 50.

> Das Alter wird mit *tener ... años* angegeben. *unos 50* → 169.

Übung: I.15.6

237 *Vuelva Vd. dentro de (una) hora y media.* Kommen Sie nach eineinhalb Stunden wieder.
La hija menor de mi hermano tiene 15 meses. Die jüngste Tochter meines Bruders ist eineinviertel Jahre alt.

> Ganze Zahlen stehen vor dem Substantiv, *y medio* wird nachgestellt:
> *dos horas y media.*
> Ausdrücke wie „eineinviertel Jahre", „eindreiviertel Jahre" werden im Spanischen in Monaten wiedergegeben: *15 meses, 18 meses, casi dos años...*

Übung: I.20.7

En esta venta ha ganado el 25 por ciento. Bei diesem Verkauf hat er (genau) 25% verdient. 238
Los precios han subido en un 10 por ciento. Die Preise sind (ungefähr) um 10% gestiegen.
Un 80 por ciento de los accidentes en carretera se producen por fallo humano. (Ungefähr) 80% der Verkehrsunfälle passieren durch menschliches Versagen.

Prozentzahlen werden mit Artikel genannt. In ungefähren Angaben steht der unbestimmte Artikel, in exakten Angaben der bestimmte Artikel.

Die Ordnungszahlen

239

1° primero	*Yo llegué el primero.* Ich kam als erster an. *Hoy es el primero, ¿no?* Heute ist der Erste, ja? → 235 *¿A qué hora sale el primer tren para Madrid?* Wann fährt der erste Zug nach Madrid? → 191
2° segundo	*Tome la segunda calle a la izquierda.* Nehmen Sie die zweite Straße links.
3° tercero	*Es la tercera vez que estoy aquí.* Es ist das dritte Mal, daß ich hier bin. *García está en el tercer piso.* García ist im dritten Stock. → 191
4° cuarto	*Yo gano la cuarta parte de lo que gana él.* Ich verdiene ein Viertel/den vierten Teil von dem, was er verdient. → 241
5° quinto	*¿Conoces la Quinta Avenida de Nueva York?* 5th Avenue
6° sexto	etc.
7° séptimo	
8° octavo	
9° noveno	
10° décimo	

Die Ordnungszahlen sind zweiendige Adjektive: *décimo/décima*. Verkürzung von *primero* und *tercero* zu *primer* und *tercer* → 191.

Übung: III.10.4

Felipe II (Felipe Segundo) fue el hijo de Carlos V (Carlos Quinto). Philipp II. war der Sohn Karls V. 240

Una empleada me mandó al piso once, aunque no existe. Eine Angestellte schickte mich in den 11. Stock, obwohl es den gar nicht gibt.
Es increíble que tales cosas pasen en el siglo XX (siglo veinte). Es ist unglaublich, daß solche Dinge im 20. Jahrhundert passieren.

> Ordnungszahlen werden nur bis *décimo* gebraucht; statt höherer Ordnungszahlen stehen die Grundzahlen: *en el piso once.*
> (Die Zählung von Jahrhunderten und Herrschern wird mit römischen Zahlen ohne Punkt angegeben).

241 *Yo gano la tercera parte de lo que gana él.* Ich verdiene den dritten Teil/ein Drittel von dem, was er verdient.
He esperado un cuarto de hora. Ich habe eine Viertelstunde gewartet.

> *cuarto* wird auch als Bruchzahl verwendet. Sonst werden Bruchzahlen meist mit *parte* umschrieben: *la quinta parte* 1/5, *la sexta parte* 1/6 usw.

Das Pronomen

Das verbundene Personalpronomen

Es gibt zwei Reihen von Personalpronomen. Die Pronomen der einen Reihe sind nur in unmittelbarer Verbindung mit einem Verb zu verwenden, wie z. B. *le pregunto, quiero preguntarle.* Man nennt sie deshalb „(mit dem Verb) verbundene Personalpronomen".

Die Pronomen der anderen Reihe können Subjekt eines Satzes sein, als kurze Antwort für sich allein stehen oder in Verbindung mit einer Präposition stehen. Man nennt sie „selbständige Personalpronomen" → 265–273.

242

Person	Dativ (wem?)		Akkusativ (wen?)	
yo	*me*	mir	*me*	mich
tú	*te*	dir	*te*	dich
él	*le*	ihm	*le/lo*	ihn
ella	*le*	ihr	*la*	sie
esto, ello	*le*	ihm, dem	*lo*	es
Vd., señor	*le*	Ihnen	*le/lo*	Sie
Vd., señora	*le*	Ihnen	*la*	Sie
nosotros	*nos*	uns	*nos*	uns
vosotros	*os*	euch	*os*	euch
ellos	*les*	ihnen	*los*	sie
ellas	*les*	ihnen	*las*	sie
Vds., señores	*les*	Ihnen	*les/los*	Sie
Vds., señoras	*les*	Ihnen	*las*	Sie

Dies ist nur eine Übersicht der Formen, nach der Sie nicht lernen sollten, denn das verbundene Personalpronomen steht nie so isoliert wie in dieser Tabelle. Die deutschen Übersetzungen gelten – außer bei *ello, esto* – nur dann, wenn das Personalpronomen für eine Person (und nicht für eine Sache) steht.

243

wer/was?	wem/was?	
Peralta va a pie.	*Le gusta ir a pie.*	Es macht ihm Spaß, zu Fuß zu gehen.
Carmen va a pie.	*Le gusta ir a pie.*	Es macht ihr Spaß.

Los dos van a pie.	*Les gusta ir a pie.*	Es macht ihnen Spaß.
Las dos van a pie.	*Les gusta ir a pie.*	Es macht ihnen Spaß.
¿Vd. va a pie?	*¿Le gusta ir a pie?*	Macht es Ihnen Spaß?
¿Vds. van a pie?	*¿Les gusta ir a pie?*	Macht es Ihnen Spaß?
El coche no arranca.	*Le falta gasolina.*	Es fehlt ihm Benzin.
La moto no arranca.	*Le falta gasolina.*	Es fehlt (dem Motorrad) Benzin.

Der Dativ der 3. Person heißt für Personen und Sachen *le, les.*

Ein wichtiges Verb, zu dem diese Form des Pronomens gehört, ist – im Gegensatz zum Deutschen – *preguntar*:
A lo mejor lo sabe María. Le voy a preguntar. Vielleicht weiß es Maria. Ich werde sie fragen (= ich werde ihr eine Frage stellen).

Übungen: I. 3.2; I.3.3; I.3.4; I.10.8; I.12.7; I.20.10

244

wem?		**wen?**	
Inés me escribe.	Sie schreibt mir.	*Inés me invita.*	Sie lädt mich ein.
Te escribe.	Sie schreibt dir.	*Te invita.*	Sie lädt dich ein.
Nos escribe.	Sie schreibt uns.	*Nos invita.*	Sie lädt uns ein.
Os escribe.	Sie schreibt euch.	*Os invita.*	Sie lädt euch ein.

Dativ und Akkusativ der 1. und 2. Person sind jeweils gleich.

Übungen: I.3.2; I.3.5; I.4.2; I.10.4; I.12.7; I.20.10

245 *¿Dónde está el paquete? No lo encuentro.* Ich finde es nicht.
¿Dónde están los cheques? No los encuentro. Ich finde sie nicht.
¿Dónde está la cámara? No la encuentro. Ich finde sie nicht.
¿Dónde están las tiendas? No las encuentro. Ich finde sie nicht.

Der Akkusativ für Sachen heißt *lo, los, la, las.* (Nur die erste dieser Formen unterscheidet sich vom Artikel: *el paquete – Inés lo abre*).

Übungen: I.4.5; I.4.6; I.4.7; I.4.8; I.6.1; I.6.3; I.6.4; I.7.8; I.9.4; I.9.7; I.10.1; I.12.10; I.13.1; I.14.7; I.19.4; I.21.11; I.23.7

Antonio está en Cádiz. Mañana le llamo/lo llamo. Ich rufe ihn an. 246
Adiós, señor López, mañana le llamo/lo llamo. Ich rufe Sie an.
María está en Madrid. Mañana la llamo. Ich rufe sie an.
Adiós, señorita, mañana la llamo. Ich rufe Sie an.
Ellos están en Cádiz. Mañana los llamo/les llamo. Ich rufe sie an.
Adiós, señores, mañana les llamo/los llamo. Ich rufe Sie an.
Ellas están en Cádiz. Mañana las llamo. Ich rufe sie an.
Adiós, señoritas, mañana las llamo. Ich rufe Sie an.

Die Beispiele zeigen, daß beim Akkusativ der 3. Person (wen?) jeweils zwei männliche Formen des Personalpronomens verwendet werden können.
Keine der beiden Formen ist ,,besser" oder ,,richtiger" – hierüber streiten sich oft die Spanier selbst. Allgemein ist die jeweils zuerst genannte Form diejenige, die in Spanien häufiger verwendet wird, die zweite wird in Hispanoamerika mehr verwendet.

Übungen: I.6.7; I.6.9; I.8.6; I.9.4; I.10.1–3; I.10.11; I.20.3; I.20.11

Hoy vienen Inés y Luisa. Las he invitado. Ich habe sie eingeladen. 247
Hoy vienen Paco y Luisa. Los he invitado. Ich habe sie eingeladen.
Los limones y las naranjas están ahí, ¿no los ves? Siehst du sie nicht?

Für mehrere Sachen – *limones y naranjas* – oder Personen – *Paco y Luisa* –, von denen eine maskulin ist, steht das maskuline Pronomen.

– *¿Qué es esto? – No sé, lo veo por primera vez.* Ich sehe es/das zum erstenmal. 248
Le he preguntado dónde está Legazpi, pero no lo sabe. Er weiß es nicht.

lo bezieht sich auf ein Neutrum (*esto, todo*, usw.). Als Neutrum kann auch ein ganzer Satzinhalt gelten (*¿Dónde está Legazpi? No lo sé.*)

Übungen: I.8.1; I.11.9; I.16.1

Me da el cheque.	*Me lo da.*	*Me da la foto.*	*Me la da.*	249
Te da el cheque.	*Te lo da.*	*Te da la foto.*	*Te la da.*	
Nos da el cheque.	*Nos lo da.*	*Nos da la foto.*	*Nos la da.*	
Os da el cheque.	*Os lo da.*	*Os da la foto.*	*Os la da.*	

Das Pronomen der Person steht vor dem Pronomen der Sache, also umgekehrt als im Deutschen: *Nos lo da*, er gibt ihn (den Scheck) uns. *Os la da*, er gibt sie (die Fotografie) euch.

Der Fall, daß zwei verbundene Pronomen der Person zusammentreffen, wird im Spanischen meist vermieden:
Me presenté a él, Ich stellte mich ihm vor.

Übungen: II.1.7; II.1.3; II.10.5; II.15.2; III.1.2; III.5.3; III.5.4

250 *Es el cumpleaños de Roberto. Carmen tiene un regalo para él. Se lo da.*
Sie hat ein Geburtstagsgeschenk für ihn. Sie gibt es ihm.
Es el cumpleaños de Carmen. Roberto tiene un regalo para ella. Se lo da.
Er hat ein Geschenk für sie. Er gibt es ihr.
Carmen ha traído revistas para Roberto. Se las da.
Sie hat Zeitschriften für ihn gebracht. Sie gibt sie ihm.
Roberto ha traído periódicos para Carmen. Se los da.
Er hat Zeitungen für sie gebracht. Er gibt sie ihr.
Las chicas me han invitado. Les he comprado chocolate. Se lo doy.
Ich habe ihnen Schokolade gekauft. Ich gebe sie ihnen (el chocolate – lo).
Los chicos me han ayudado. Tengo cien pesetas. Se las doy.
Ich habe 100 Peseten. Ich gebe sie ihnen.
Tengo fotos muy interesantes. ¿ Le interesan? Se las doy.
Interessieren Sie die Fotos? Ich gebe sie Ihnen.

Trifft ein Dativpronomen (*le*, *les*) mit einem Akkusativpronomen der Sache zusammen (*lo*, *la*, *los*, *las*), so entstehen die Kombinationen

se lo digo	ich sage es ihm (ihr, ihnen, Ihnen)
se la da	er gibt sie (die Fotografie) ihm (ihr, ihnen, Ihnen)
se los da	er gibt sie (die Schecks) ihm (ihr, ihnen Ihnen)
se las da	er gibt sie (die Fotos) ihm (ihr, ihnen, Ihnen)

Übungen: II.2.5; II.2.7; II.5.4; II.6.7; II.8.1; II.8.4; II.8.8; II.10.1; II.15.1; III.1.1; III.1.3; III.3.4; III.7.3–5

251 *Me lavo.* Ich wasche mich.
¿ Te lavas?
Se lava. Er wäscht sich.
Nos lavamos.

Me lavo la cabeza. Ich wasche mir den Kopf.
¿ Te lavas la cabeza?
Se lava la cabeza. Er wäscht sich den Kopf.
Nos lavamos la cabeza.

Os laváis. — *Os laváis la cabeza.*
Se lavan. Sie waschen sich. — *Se lavan la cabeza.* Sie waschen sich den Kopf.

Das Reflexivpronomen der 3. Person heißt immer *se*. Reflexive Verben → 4, → 54–63.

Übungen: I.14.1; I.14.4; I.15.11; I.17.2

Se me acercó un hombre con una pistola. Es näherte sich mir ein Mann mit einer Pistole. **252**
Se me presentó la oportunidad de ir a América. Es bot sich mir die Gelegenheit, nach Amerika zu fahren.
Se me rompió un vaso. → 57 Ein Glas zerbrach mir.
¿Cómo se las arregla Vd. para vivir tan tranquilo? → 59 Wie schaffen Sie es, so ruhig zu leben?
Ah, se me ocurre una cosa... Ach, da fällt mir etwas ein.
No se me había ocurrido preguntar. Ich war nicht auf die Idee gekommen zu fragen.
Se me ha olvidado meter mi neceser en la maleta. Ich habe einfach vergessen, mein Reisenecessaire in den Koffer zu packen.
Me lo había imaginado. Ich hatte mir das so vorgestellt.

Das Reflexivpronomen steht immer vor einem weiteren verbundenen Personalpronomen.

Übung: II.4.10

¿Tengo que aprenderme todo este texto? Muß ich den ganzen Text da lernen? **253**
Parece que tu carta no me llegó. Anscheinend ist dein Brief nicht bei mir angekommen.
¡No me vengas con cuentos! Komm mir doch nicht mit solchen Märchen!

Das Dativpronomen bezeichnet – ähnlich wie in manchen deutschen Ausdrücken – eine interessierte oder betroffene Person.

Das ergänzende verbundene Personalpronomen

Im Spanischen wird häufig ein verbundenes Personalpronomen an einer Stelle im Satz verwendet, wo im Deutschen kein Pronomen stehen müßte oder könnte.

254 *El coche lo dejo en el garaje. Prefiero ir a pie.* Den Wagen lasse ich in der Garage. Ich gehe lieber zu Fuß.
La falda la compro mañana, hoy no tengo tiempo. Den Rock kaufe ich morgen, heute habe ich keine Zeit.
La sangría la preparo yo. Die Sangría mache ich.
Esto no lo he dicho yo. Das habe ich nicht gesagt.
A mí no me han invitado. → 271 Mich haben sie nicht eingeladen.
A Legazpi le han llamado desde la fábrica. Legazpi haben sie von der Fabrik aus angerufen.

> Aus Gründen der Betonung kann ein Akkusativobjekt vor das Verb gestellt werden: *dejo el coche – el coche lo dejo.* Dann tritt das betreffende Personalpronomen hinzu. Ausnahmen → 255.

Diese Verwendung dient dem leichteren Verstehen. Beginnt ein Satz mit «El coche...», so erwartet man zunächst, daß er weitergeht im Sinn von „Der Wagen...", also: *El coche está en el garaje. El coche no funciona.* Erst durch das hinzutretende Pronomen wird deutlich, daß nicht „der Wagen" sondern „den Wagen" gemeint ist: *El coche lo quiero vender. El coche lo he comprado barato. El coche lo dejo en el garaje.*

Übungen: I.17.6; II.15.2

255 *¿A quién quieres acompañar?* Wen willst du begleiten?
¿Qué champú usas tú? Was für ein Shampoo benützt du?
¿Qué sabes? Dímelo. Algo sabrás. Was weißt du? Sag es mir. Etwas wirst du doch wissen.
¡Nada he dicho! Nichts habe ich gesagt!

> Das ergänzende Pronomen → 254 wird nicht gebraucht, wenn der vorangestellte Akkusativ ein Fragepronomen – *¿a quién?, ¿qué?* – oder *algo* oder *nada* ist.

256 *Lo sé todo.* Ich weiß alles.
Tuve que ir a contárselo todo a la policía. Ich mußte zur Polizei gehen, um ihr alles zu erzählen.

> Wenn *todo* als Akkusativ verwendet wird, steht beim Verb das ergänzende Pronomen *lo*. Vgl. 299.

Häufig wird auch *todos* durch das Pronomen beim Verb ergänzt:
Yo los conocía a todos. Ich kannte (sie) alle.
Los invito a todos. Ich lade (sie) alle ein.

Übung: II.6.4

¿ Qué le pasa a tu madre ? ¿ Está enferma ? Was ist (mit) deiner Mutter ? Ist sie krank ? **257**
A mi padre le ocurrió lo mismo. Meinem Vater passierte das gleiche.
Le ocurrió lo mismo a mi padre. Das gleiche passierte meinem Vater.
Fui a contárselo a la policía. Ich ging es der Polizei erzählen. → 256
No se lo digo a él, sino a su padre. Ich sage es nicht ihm, sondern seinem Vater.

Das Dativobjekt der Person (wem ?) wird oft durch das entsprechende Pronomen beim Verb ergänzt, unabhängig von seiner Stellung vor oder nach dem Verb.

Übungen: I.17.5; I.17.7; I.19.5; I.19.6

Die Stellung des verbundenen Pronomens zum Verb

Im folgenden Abschnitt wird nicht jedesmal darauf hingewiesen, daß für die Stellung von *zwei* Pronomen die gleichen Regeln gelten wie für *ein* Pronomen. Reihenfolge von zwei Pronomen: → 249, 250, 252.

Necesito una guía de Sevilla. La compro. Ich brauche einen Führer von Sevilla. Ich kaufe ihn. **258**
– *Quisiera hablar con Pepe.* – *Ya se lo he dicho.* Ich möchte mit Pepe sprechen. – Ich habe es ihm schon gesagt.

Das Pronomen steht *vor der Verbform*, die in ihrer Endung die handelnde Person erkennen läßt (*compro* ich, *ha* er, *habíamos* wir). Das Pronomen steht also in zusammengesetzten Zeiten vor dem Hilfszeitwort: *lo ha dicho, lo había dicho, lo habrá dicho* usw.

Übungen: I.5.6; I.5.7; I.5.8; I.6.1; I.6.3; I.6.4; I.7.9; I.8.6; I.14.4; I.20.10; II.6.6; III.7.3–5

Estos zapatos son muy caros. No los compres. Kauf sie nicht. **259**
José no dice la verdad, no le creas. Glaub ihm nicht.

Das Pronomen steht *vor dem verneinten Imperativ*. Vgl. 260.

Übungen: III.3.5; III.10.1

260 – *¿ Te duchas tú ahora? – No, dúchate tú primero.* Dusch du dich zuerst.
– *¿ Cortar el pelo? – Sí, pero córteme sólo las puntas.* Haare schneiden? – Ja, aber schneiden Sie mir bitte nur die Spitzen.
Peralta todavía no sabe que tiene que ir a Sevilla. Dígaselo Vd. Peralta weiß noch nicht, daß er nach Sevilla fahren muß. Sagen Sie es ihm.

Das Pronomen wird *an den bejahten Imperativ angehängt*. Vgl. 259. Beachten Sie die Akzente: die Verbform wird unverändert betont.

Übungen: I.14.2; I.14.7; I.14.10; I.16.11; I.19.9; I.22.4; II.2.10; II.3.6; II.10.5; II.15.2; III.1.2; III.1.3; III.2.4; III.5.2; III.10.2

261 *Mañana tenemos que levantarnos temprano.* Morgen müssen wir früh aufstehen.
¿ Quiere despertarme a las seis? Wollen Sie mich bitte um sechs wecken?
No puedo prometérselo. Ich kann es Ihnen nicht versprechen.
El médico debería prohibírtelo. Der Arzt sollte es dir verbieten.

Das Pronomen wird *an den Infinitiv angehängt*. Beachten Sie den Akzent, wenn zwei Pronomen angehängt werden: der Infinitiv wird unverändert betont.

Übungen: I.7.1; I.12.10; I.13.5; I.20.8; I.21.7; II.6.7

262 *María se despidió diciéndome que al día siguiente no podía venir.* Maria verabschiedete sich und sagte mir, sie könne am nächsten Tag nicht kommen.
El cliente protestó quejándose del mal servicio. Der Kunde/Gast protestierte und schimpfte auf die schlechte Bedienung.

Das Pronomen wird *an das Gerundio angehängt*. Beachten Sie den Akzent: die Verbform wird unverändert betont. Vgl. 264.

263 – *¿ Sabes lo que ha pasado? ¿ Quieres saberlo? – Claro que lo quiero saber.* Weißt du, was passiert ist? Willst du es wissen? – Natürlich will ich es wissen.
Legazpi está en Cádiz. Tengo que llamarle. Ich muß ihn anrufen.

Quisiera invitarte para mañana. Ich möchte dich für morgen einladen.
Suelo informarme por la radio. Ich informiere mich normalerweise durch das Radio.

Bei Verbalkonstruktionen mit Infinitiv → 150–155 kann das Pronomen entweder nach Regel 258 stehen – *lo quiero saber, le tengo que llamar, te quisiera invitar, me suelo informar* – oder nach Regel 261, was häufiger der Fall ist: *quiero saberlo, tengo que llamarle, quisiera invitarte, suelo informarme.*

Vorangestellt wird das Pronomen besonders häufig bei *ir a:*
Me voy a marchar. Ich werde weggehen.
Te lo voy a decir mañana. Ich werde es dir morgen sagen.
Por fin viene Vd., ya le iba a llamar. Endlich kommen Sie, ich wollte Sie schon anrufen.

Übungen: I.10.2; I.10.3; I.10.4; I.11.3; I.12.7; I.20.11; II.6.5; II.7.1; II.8.1; II.8.5; II.10.1

– *¿ Dónde está Lucho ? – Se está duchando/está duchándose.* Wo ist Lucho ? – Er duscht (sich) gerade. **264**
Se están acercando las vacaciones. Es nähern sich die Ferien.
¡ Esa gente! Les he dicho que no quiero comprar ningún coche, pero me siguen llamando. Ich habe denen gesagt, daß ich gar kein Auto kaufen will, aber die rufen mich immer wieder an.

Bei Verbalkonstruktionen mit Gerundio → 143–144 kann das Pronomen entweder nach Regel 262 stehen – *está duchándose, siguen llamándome* – oder nach Regel 261, was viel häufiger der Fall ist: *se está duchando, se está acercando, me siguen llamando, te están buscando* usw.

Übungen: I.15.4; I.16.7

Das selbständige Personalpronomen

265

Nominativ wer?		**Dativ/Akkusativ wem? wen?**	**Nominativ wer?**		**Dativ/Akkusativ wem? wen?**
yo	ich	*a mí*	*nosotros*	wir	*a nosotros*
tú	du	*a ti*	*vosotros*	ihr	*a vosotros*
él	er	*a él*	*ellos*	sie	*a ellos*
ella	sie	*a ella*	*ellas*	sie	*a ellas*

(*ello*)	es	(*ello*)				
usted/Vd.	Sie	*a usted*		*ustedes*	Sie	*a ustedes*
el/ella/Vd.		*a sí*	sich	*ellos/ellas/Vds.*		*a sí* sich

> Dies ist nur eine erste Übersicht über die Formen. Zu *nosotros*, *vosotros* und *ellos* gibt es auch die femininen Formen: *nosotras*, *vosotras*, *ellas*.

Übungen: I.19.3; I.20.3; II.13.6

266 – *¿ Cómo estás? – Muy bien, gracias. ¿ Y cómo estás tú?* Und wie geht's dir?
Tú puedes tomar un refresco, yo no tomo nada. Du kannst etwas trinken, ich nehme nichts.

> Der Nominativ des selbständigen Pronomens braucht normalerweise nicht beim Verb zu stehen: *¿ Cómo estás?* Die Verbform selbst gibt die Person an: *estás* = (*tú*) *estás*.
> Das Pronomen wird verwendet, wenn die Person betont werden soll, z.B. bei einer betonten Gegenüberstellung *yo/tú*.

¿ Cómo se llama usted, por favor? Wie heißen Sie bitte?
Aquí tiene usted la llave. Hier haben Sie den Schlüssel.
¿ Toman Vds. la habitación? Nehmen Sie das Zimmer?

> Das Pronomen *usted/Vd.*, *ustedes/Vds.* wird für die höfliche Anrede verwendet. Das Verb steht dabei in der 3. Person Singular bzw. Plural:
> *¿ Cómo se llama usted? ¿ Cómo se llaman Vds.?*
> Die Verwendung von *usted*, *ustedes* bedeutet keine besondere Betonung.

Übungen: I.4.3; I.4.4; I.23.8; II.2.1; II.6.1

267 *Quisiera hablar con López, y para ello tengo que ir a Madrid.* Ich möchte mit López sprechen, und dazu muß ich nach Madrid fahren.
Esto es muy fácil, mira, ya está. Das ist ganz einfach, schau, schon fertig.
Yo no sabía esto. Ich wußte es/das nicht.

> *ello* kommt nur in Verbindung mit Präpositionen vor, z.B. *para ello*. Sonst wird es durch *esto* oder *eso* ersetzt.

– *¿ Qué haces aquí? – ¿ Yo? – Sí, tú.* Was tust du hier? – Ich? – Ja, du. 268
– *Ah, Roberto, ¿ eres tú? – Sí, soy yo.* Roberto, bist du's? – Ja, ich bin's.
– *Estoy tan sola. – No estás sola, mira, estoy yo.* Du bist nicht allein, schau, ich bin ja da.
¿ Tienes tanto trabajo como yo? Hast du soviel Arbeit wie ich?
Tengo más que hacer que tú. Ich habe mehr zu tun als du.

Das selbständige Pronomen steht in Fragen und Antworten ohne Verb. (Mit der Verwendung bei *ser* und *estar* ist meist auch eine Betonung verbunden → 266). Das selbständige Pronomen wird auch häufig im Vergleich nach *como* und *que* gebraucht. → 193–194, 196.

– *¿ A quién invitan?*	– *A mí.*	mich	– *¿ A quién escriben?*	– *A mí.*	mir	269
Wen laden sie ein?	– *A ti.*	dich	Wem schreiben sie?	– *A ti.*	dir	
	– *A él.*			– *A él.*		
	– *A ella.*			– *A ella.*		
	– *A Vd.*	etc.		– *A Vd.*	etc.	

Akkusativ und Dativ werden wie beim Substantiv der Person mit *a* gebildet → 183. Für die Verbindung mit der Präposition *a* – und mit anderen Präpositionen → 272 – gibt es zwei eigene Formen: *a mí, a ti.* Sonst wird die Nominativform verwendet: *a él, a ella, a nosotros* usw.

Übungen: I.14.3; I.17.8; I.17.9

¿ A quién engaña? – A sí mismo. Wen betrügt er? Sich selbst. 270
¿ A quién quiere demostrar que puede hacerlo? – Sobre todo a sí mismo. Wem will er beweisen, daß er das tun kann? – Vor allem sich selbst.
¿ A quién quieren demostrar que pueden hacerlo? – Sobre todo a sí mismos.

Das selbständige Reflexivpronomen der 3. Person heißt *sí*. Es wird häufig durch *mismo* verstärkt.

A mí no me han invitado. Mich haben sie nicht eingeladen. 271
¿ A ti te han pagado el viaje? Haben sie dir die Reise gezahlt?
¿ Qué te parece a ti? Was meinst du denn dazu?

Dativ und Akkusativ des selbständigen Pronomens stehen nur zur Betonung. Die Formen verstärken das verbundene Personalpronomen – *me*, *te* usw. –, machen es aber nicht überflüssig. Vgl. 254, 257.

Übungen: I.23.10; II.7.3; II.8.6; II.17.3–5

272 *¿ Para quién compras el perfume? ¿ Para ti?* Für wen kaufst du das Parfum? Für dich?
No, no es para mí. Yo tengo una marca diferente. Nein, es ist nicht für mich. Ich habe eine andere Marke.
Margarita está enferma. Pienso mucho en ella. Margarita ist krank. Ich denke viel an sie.
No piense Vd. siempre en sí mismo. Denken Sie nicht immer an sich selbst.
¿ Qué puedo hacer por ustedes? Was kann ich für Sie tun? → 336

In Verbindung mit Präpositionen werden die gleichen Formen des selbständigen Pronomens verwendet wie bei Dativ und Akkusativ → 269–270, also: *para mí, para ti, para él, para sí* usw. Ausnahmen mit *con* → 273.

273 *¿ Viene Vd. conmigo de compras?* Kommen Sie mit mir einkaufen?
¿ Llevas la cámara siempre contigo? Hast du die Kamera immer bei dir?
El documento de indentidad, hay que llevarlo siempre consigo. Die Kennkarte muß man immer mit sich führen.

Mit der Präposition *con* bilden drei Personalpronomen eine besondere Zusammensetzung: *conmigo* mit mir, *contigo* mit dir, *consigo* mit sich.

Übungen: I.21.11; III.8.2

Das Possessivpronomen

Es gibt im Spanischen zwei Reihen von Possessivpronomen (besitzanzeigende Fürwörter): die „normalen", unbetonten Pronomen → 274 und die anderen, die auch betont werden können und daher oft „betonte Possessivpronomen" genannt werden, obwohl sie nicht nur zur Betonung gebraucht werden, sondern auch in einigen Ausdrucksweisen, die dem Spanischen eigen sind → 275–277.

274 *Busco mi libro/mis cosas.* Ich suche mein Buch/meine Sachen.
¿ Buscas tu libro/tus cosas? Suchst du dein Buch/deine Sachen?

Paco busca su libro/sus cosas. Paco sucht sein Buch/seine Sachen.
Juana busca su libro/sus cosas. Juana sucht ihr Buch/ihre Sachen.
¿ Busca Vd. su libro/sus cosas? Suchen Sie Ihr Buch/Ihre Sachen?

Buscamos a nuestro amigo.	*Buscamos nuestras cosas.*	unser(e)
Buscamos a vuestro amigo.	*¿ Buscáis vuestras cosas?*	euer(e)
Ellos buscan a su amigo, ¿ no?	*Buscan sus cosas, ¿ no?*	ihr(e)
Vds. buscan a su amigo, ¿ no?	*Vds. buscan sus cosas, ¿ no?*	Ihr(e)

Diese Pronomen sind einendig mit Ausnahme von *nuestro/nuestra* und *vuestro/vuestra.*
Das Pronomen der 3. Person Singular und Plural – *su* – bezieht sich auf alle Personen, für die auch die 3. Person des Verbs – z. B. *toma, toman* – stehen kann: *él, ella, esto, Vd., ellos, ellas, Vds.*
Diese Formen stehen immer unbetont vor dem Substantiv.

Übungen: I.2.4; I.2.5; I.7.7; 10.7

mío *Esta cámara es mía.* Der Fotoapparat gehört mir. **275**
tuyo *¿ Son tuyas esas fotos?* Gehören die Fotos dir?
suyo *El coche que conduce no es suyo.* Der Wagen, den er/sie fährt, gehört nicht ihm/ihr.
¿ Es suya esa maleta, señorita/señor? Gehört der Koffer Ihnen?
nuestro *La idea fue nuestra, ¿ no?* Die Idee war von uns, oder?
vuestro *¿ Es vuestra la casa donde vivís?* Gehört das Haus euch?
suyo *– Sus amigos han comprado la casa, ¿ no? – Sí, es suya.*
Ihre Freunde haben das Haus gekauft, nicht? Ja, es gehört ihnen.
Vds. han comprado la casa, ¿ no? Es suya, ¿ verdad? Sie haben doch das Haus gekauft, es gehört doch Ihnen, oder?

Die Pronomen *mío, tuyo* usw. sind zweiendig: *mío, mía.* Die verwendete Form richtet sich nach dem Gegenstand, nicht nach dem Besitzer:
El ha comprado una casa. *Es suya.* Das Haus gehört ihm.
Ella ha comprado un coche. *Es suyo.* Das Auto gehört ihr.
ser + *mío* (*tuyo, suyo* usw.) = gehören.

Übung: II.16.10

Dos amigas tienen paraguas casi iguales. – Ahora, ¿ cuál es el mío? – Este es el tuyo, el mío es un poco más oscuro. Zwei Freundinnen haben fast gleiche Regenschirme. – **276**

Welcher ist jetzt der meine? – Der hier ist der deine, der meine ist etwas dunkler. (*el paraguas* → 176).

el mío = der meine.

277 – *¡Uy, qué moto! – Es de un amigo mío.* Mensch, was für ein Motorrad. – Es ist von einem Freund von mir.
Una tía mía está en América. Eine Tante von mir ist in Amerika.

un + Substantiv + mío = ein ... von mir

Eine weitere Verwendung von *mío* nach dem Substantiv sind Ausrufe wie:
¡Dios mío! Mein Gott! *Sí, hija mía.* Ja, mein Kind.

Das Demonstrativpronomen

Das Demonstrativpronomen (hinweisendes Fürwort) kann unmittelbar zusammen mit einem Substantiv stehen – dieser Mann, dieses Hotel usw. → 278–280 – oder es kann sich auf ein vorher genanntes Substantiv oder einen bereits genannten Sachverhalt beziehen → 281–283.

278 este *¿Dónde habéis estado este verano?* Wo wart ihr diesen Sommer?
estos *¿Ya has visto estos zapatos?* Hast du schon diese Schuhe gesehen?
esta *Me los he comprado esta semana.* Ich habe sie mir diese Woche gekauft.
estas *Y estas blusas también.* Und die Blusen hier auch.

este, esta weist auf Dinge oder Personen hin, die nahe liegen: *este verano* ist der Sommer dieses Jahres, *esta semana* ist die noch laufende Woche → 110; *estos zapatos* und *estas blusas* sind Gegenstände, die die Sprecherin selbst hat. Der Plural von *este* heißt *estos*.

Übung: I.10.6

279 ese *¿Quién es ese señor?* Wer ist der Herr dort drüben?
esos *¿Dónde has comprado esos zapatos?* Wo hast du diese Schuhe gekauft?
esa *¿Sabes quién es esa chica rubia?* Weißt du, wer das blonde Mädchen dort ist?
esas *Esas blusas te han costado mucho, ¿no?* Sind diese (deine) Blusen teuer gewesen?

ese, esa weist auf Dinge oder Personen hin, die vom Sprechenden etwas weiter entfernt sind oder näher beim Angesprochenen liegen (bzw. diesem gehören).

Übungen: I.19.2; I.19.5

aquel — *¿ Ve Vd. aquel puesto?* Sehen Sie den Stand dort hinten? **280**
aquellos — *Donde están aquellos árboles.* Dort, wo die Bäume stehen.
aquella — *¿ Qué hubiera hecho Vd. en aquella situación?* Was hätten Sie in dieser Situation damals gemacht?
aquellas — *Yo no sabía que tuvo Vd. aquellas mismas dificultades.* Ich wußte nicht, daß Sie (damals) die gleichen Schwierigkeiten hatten.

aquel, aquella weist auf Dinge oder Personen hin, die räumlich – *aquel puesto, aquellos árboles* – oder zeitlich – *aquella situación, aquellas dificultades* – weiter entfernt sind. Der Plural von *aquel* ist *aquellos.*

Übung: I.19.6

esto — *¿ Qué es esto?* Was ist das (worauf ich gerade deute)? **281**
Yo no sabía todo esto. Ich wußte das (was gerade gesagt worden ist) nicht.
eso — *¿ Qué es eso?* Was ist das (was Sie da haben)?
aquello — *Yo no sabía aquello.* Ich wußte das (was damals passierte) nicht.

Die Neutrumformen *esto, eso, aquello* können sich nicht auf ein bestimmtes Substantiv beziehen (weil Substantive maskulin oder feminin sind). Sie stehen also allein – oder in Verbindung mit dem Neutrum *todo* – und beziehen sich auf einen noch nicht definierten Gegenstand – *¿ Qué es esto/eso?* – oder auf einen Sachverhalt – *No sabía esto/no sabía aquello.*

Übungen: I.12.6; I.19.2

éste — – *Dame el bolígrafo. – ¿ Qué bolígrafo, éste?* Welchen? Den hier? **282**
ése — – *Sí ése. No hay otro.* Ja, den dort. Es ist kein anderer da.
aquél — – *Claro, allí hay otro.* Dort ist noch einer.
ésta — – *Ah, aquél no le había visto.* Den dort hatte ich nicht gesehen.
ésa — – *Dame también esa cinta. Sí, ésa.* Gib mir auch das Tonband her.
aquélla — Ja, das dort.

Das maskuline und feminine Demonstrativpronomen trägt Akzent, wenn es nicht zusammen mit einem Substantiv oder Pronomen steht (*ese bolígrafo* der Kugelschreiber dort, *ese otro* der andere dort).

éste bezieht sich auf das nächstliegende, also das zuletzt genannte Substantiv, mit dem es in Zahl und Geschlecht übereinstimmt:
Quería invitar a las dos hermanas de mi amigo, pero éstas habían salido ya. Ich wollte die beiden Schwestern meines Freundes einladen, aber diese waren schon ausgegangen.

Übungen: I.12.6; II.18.4; III.13.2

283 *Esta cámara es muy buena, pero las mejores fotos las saco con la de mi hermano.* Diese Kamera ist sehr gut, aber die besten Aufnahmen mache ich mit der meines Bruders.

el de (mi hermano), *la de* (mi amigo) wird als eine Art Demonstrativpronomen gebraucht.

Ähnlich auch *lo de*:
Mi amigo me ha ayudado mucho en lo del taller. Mein Freund hat mir in der Sache mit der Werkstatt sehr geholfen.
Lo del precio está arreglado. Die Sache mit dem Preis ist geregelt.
Es lo de siempre. Das ist immer dieselbe Sache.

Das Interrogativpronomen

Interrogativpronomen (Fragewörter) werden in der direkten Frage – *¿Cuánto necesitas?* –, in der indirekten Frage – *Pregunta cuánto necesito.* – und im Ausruf – *¡Cuánto necesitas!* – verwendet. Sie unterscheiden sich von gleichlautenden Relativpronomen durch den Akzent. Das Kapitel umfaßt:

¿qué? 284–288	¿cuánto? 292–293
¿quién? 289	¿dónde? 294
¿cuál? 290	¿cuándo? 295
¿cómo? 291	

284 *¿Qué es esto?* Was ist das?
¿Qué toma Vd.? ¿Un café solo? Was nehmen Sie? Einen schwarzen Kaffee?
¿Qué vamos a hacer? Was werden/wollen wir tun?

¿Qué es Vd.? Was sind Sie?
¿A qué espera Vd.? Worauf warten Sie (noch)?
¿A qué te has decidido? Wozu hast du dich nun entschlossen?
¿A qué hora salimos mañana? Um wieviel Uhr fahren wir morgen ab?

qué fragt nach Dingen, Handlungen, Berufen, Definitionen usw. Vgl. 139.

Übung: I.8.3

¿Qué le parece? Wie finden Sie das? Was halten Sie davon? Was meinen Sie? **285**
¿Qué te parecen estos zapatos? Wie findest du/Wie gefallen dir diese Schuhe?
¿Qué te parece ir al cine? ¿Qué te parece si vamos al cine? Was meinst du, wollen wir ins Kino gehen?

qué fragt in Verbindung mit *parecer* nach Meinung oder Urteil.

Beachten Sie, daß bei *gustar* überhaupt kein Fragewort steht:
¿Te gustan estos zapatos? (Wie) gefallen dir diese Schuhe?

Übung: I.12.3

¿Qué número de habitación tiene Vd.? Welche Zimmernummer haben Sie? **286**
¿En qué hotel está Vd.? In welchem Hotel sind Sie?
¿Qué tipo de trabajo tiene Montserrat? Welche Art von Arbeit/Was für eine Arbeit hat Montserrat?
¿Qué tabaco es éste? Was ist das für ein Tabak?

¿qué + Substantiv? = welcher, was für ein...?

Übungen: I.4.1; I.7.3

Mira, ¡qué chica! Schau, was für ein (tolles) Mädchen! **287**
¡Qué lástima! ¡Qué pena! Wie schade!
¡Qué suerte he tenido! Was für ein Glück ich gehabt habe!
¡Qué guapa es esa chica! Wie hübsch das Mädchen ist!
¡Y qué morena está! Und wie braungebrannt sie ist!
¡Qué bien le sienta esa blusa! Wie gut ihr die Bluse steht!

Im Ausruf steht *qué* in Verbindung mit Substantiven (*chica*, *lástima*, *suerte* usw.), Adjektiven (*guapa*, *morena* usw.) und Adverbien (*bien*, *temprano* usw.).

¡Qué chica más guapa! Was für ein hübsches Mädchen!
¡Qué música más buena! Was für eine tolle Musik!
¡Qué edificios más altos! Was für hohe Häuser!

Steht in diesen Ausrufen beim Substantiv ein Adjektiv, so wird normalerweise *más* hinzugefügt. (Es handelt sich also nicht um die normale Komparativ- oder Superlativform, denn diese würde z.B. bei *bueno mejor* heißen).

Die im Deutschen häufige Frage wie groß?, wie breit?, wie schnell? usw. ist im Spanischen selten. Das Spanische benützt dafür andere Ausdrucksmöglichkeiten:
Wie teuer ist das? *¿Cuánto cuesta? ¿Cuánto vale? ¿Cuál es el precio?*
Wie lange brauchen wir? *¿Cuánto tiempo tardaremos?*
Wie groß ist das Zimmer? *¿Cuántos metros cuadrados tiene la habitación?*

Übungen: I.5.10; I.19.1

288 *¿Para qué necesitas tanto dinero?* Wozu brauchst du soviel Geld?
¿Para qué esperar? Wozu (noch) warten?
– *¿Es Vd. el señor Ferrer? – Sí, ¿por qué?* Sind sie Herr Ferrer? – Ja, warum?
No sé por qué viene tanta gente. Ich weiß nicht, warum so viele Leute kommen.

¿para qué? wozu? – *¿por qué?* warum?

Übungen: I.3.1; I.3.4; I.3.5; I.7.11

289 *¿Quién es ese señor?* Wer ist der Herr dort?
¿Quién se afeita primero? Wer (von uns) rasiert sich zuerst?
¿Quiénes son esos señores? Wer sind die Herren dort?
¿A quién esperas? Wen erwartest du? → 183

¿quién? fragt nach Personen. Der Plural *quiénes* ist relativ selten.

Übungen: I.5.3; II.13.2

290 *¿Cuál es tu programa para mañana?* Was/wie ist dein Programm für morgen?

¿ Cuáles son los nombres que más le gustan? Welches sind die Namen, die Ihnen am besten gefallen?
¿ Cuál de tus hermanos es el mayor? Welcher von deinen Brüdern ist der älteste?

cuál, Plural *cuáles* fragt nach Dingen oder Personen, wenn die Auswahl bereits eingegrenzt ist.

Zur Frage mit *¿ qué?* besteht teilweise ein inhaltlicher Unterschied, teilweise nur ein Unterschied der Satzkonstruktion. Für die Frage *¿ cuál de tus hermanos es el mayor?* gibt es keine Ausdrucksmöglichkeit mit *¿ qué?*
Aber:
¿ Cuál es tu programa para mañana? = *¿ Qué programa tienes para mañana?*
¿ Cuáles son los nombres...? = *¿ Qué nombres te gustan más?*

Übung: II.9.8

¿ Cómo se llama Vd.? Wie heißen Sie? **291**
¿ Cómo lo ha hecho Vd.? Wie haben Sie das gemacht.
– Hoy es su cumpleaños, ¿ no? – ¿ Cómo? ¿ Mi cumpleaños? Heute haben Sie Geburtstag, nicht? – Wie/was? Ich, Geburtstag?
¿ Cómo está Vd.?/¿ Qué tal está Vd.? Wie geht es Ihnen?
Algunos creían que el turismo sería la solución de todos los problemas. Pero ¿ cómo va a serlo? Manchen glaubten, der Tourismus wäre die Lösung aller Probleme. Aber wie/wieso soll er das denn sein?
¿ Por qué me pregunta Vd. a mí? ¿ Cómo lo voy a saber yo? Warum fragen Sie mich? Wie/woher soll ich denn das wissen?

Übung: I.11.6

¿ Cuánto es? Wieviel ist es/kostet es? **292**
¿ Cuánto cuesta/vale? Wieviel kostet es?
¿ Cuánto tiempo se va a quedar Vd.? Wie lange werden Sie bleiben?
¿ Cuántas entradas necesitamos? Wie viele Eintrittskarten brauchen wir?
¿ Cuánta gente va a venir? Wie viele Leute werden kommen?

Übungen: I.7.5; I.10.5; I.11.6; I.18.7

Mira cuánto trabajo tengo. Schau nur, wieviel Arbeit ich habe. **293**
No sabes cuánto me alegro. Du weißt nicht, wie sehr ich mich freue.
¡ Cuánto tardas! Wie lange du brauchst!

Der einfachen Feststellung mit *mucho* – *tengo mucho trabajo, me alegro mucho, tardas mucho* – entspricht der Ausruf mit *cuánto: ¡cuánto trabajo tengo!*

Übungen: I.10.6; III.6.1

294 *¿Dónde está Pedro?* Wo ist Pedro?
No sé dónde está. Ich weiß nicht, wo er ist.
¿Adónde va Vd.? Wohin gehen Sie?
¿De dónde viene Vd.? Woher kommen Sie?
Yo no sé por dónde se pasa. → 323 Ich weiß nicht, wie man geht/fährt.

Übungen: I.5.1; I.6.6; I.7.6

295 *¿Cuándo llegan las máquinas?* (*¿A qué hora llegan?* → 284) Wann kommen die Maschinen an?
¿Para cuándo tiene que terminar Vd.? Bis wann müssen Sie fertig werden?
¿Desde cuándo está Vd. aquí? Seit wann sind Sie hier?

Übung: I.18.3

Das Relativpronomen

Aufgabe des Relativpronomens ist es, einen Nebensatz einzuleiten, der sich entweder auf ein vorangehendes Wort oder auf den Inhalt des vorangehenden Haupt- oder Nebensatzes bezieht. Das Kapitel umfaßt:

que 296	quien 301
el cual, el que 297	cuyo 302
lo que 298–299	donde 303
el que/quien 300	cuando 304

296 *una falda que me gusta* ein Rock, der mir gefällt
una falda que he comprado ein Rock, den ich gekauft habe
las faldas que he visto die Röcke, die ich gesehen habe
el señor que viene der Herr, der da kommt
el señor que he conocido der Herr, den ich kennengelernt habe

que bezieht sich auf Sachen und Personen, Singular und Plural. Nominativ und Akkusativ sind gleich, auch für Personen.

La sala en que trabajo no me gusta. Der Raum, in dem ich arbeite, gefällt mir nicht.
El material con que trabajamos es muy caro. Das Material, mit dem wir arbeiten, ist sehr teuer.
La fiesta a que me invitaron fue muy simpática. Das Fest, zu dem ich eingeladen wurde, war sehr nett.

> *que* wird auch in Verbindung mit kurzen, vor allem mit einsilbigen Präpositionen (*a*, *con*, *en*) gebraucht.

Übung: II.18.2

el que	*Teresa tiene un novio del que/del cual está muy orgullosa.*	297
la que	Teresa hat einen Freund, auf den sie sehr stolz ist.	
el cual	*Gana mil pesetas, de las que/de las cuales ahorra setecientas cada mes.*	
la cual	Sie verdient 1000 Peseten, von denen sie monatlich 700 spart.	
los que	*¿Es ese el amigo para el cual has buscado un piso?* Ist das der Freund,	
los cuales	für den du eine Wohnung gesucht hast?	
etc.	*Hay varias razones por las que no puedo salir el domingo.* Es gibt mehrere Gründe, aus denen ich am Sonntag nicht weggehen kann.	

– ¿Cómo se llama su pensión – No me acuerdo. Está en la Calle Mayor, en una casa antigua, delante de la cual hay una parada de autobús. – Ah, *es la casa enfrente de la cual está Iberia.*
Ich weiß nicht, wie die Pension heißt. Sie ist in der Calle Mayor, in einem alten Haus, vor dem eine Bushaltestelle ist. – Ach ja, das ist das Haus, wo gegenüber Iberia ist.

> *el que/el cual, la que/la cual* werden nach den meisten Präpositionen gebraucht: nach allen zusammengesetzten – *enfrente de, delante de, detrás de, encima de, al lado de* usw. –, nach zweisilbigen – *contra, para* –, aber auch nach den einsilbigen Präpositionen *de, por, con.*

Bei den längeren Präpositionen ist es wohl eine Frage des Rhythmus und Gleichgewichts, die *el que* oder *el cual* statt des kurzen *que* fordert. – Bei *de*, *para* und *por* geht es mehr um die eindeutige Verständlichkeit, denn diese ergeben mit *que* = daß einen ganz anderen Sinn:
el hecho de que hable die Tatsache, daß er spricht
el hecho del que habla die Tatsache, von der er spricht
Me compro el libro porque me interesa. Ich kaufe mir das Buch, weil es mich interessiert.
Hay un libro por el cual me intereso mucho. Es gibt da ein Buch, für das ich mich sehr interessiere.

Te dejo mi libro para que no tengas que comprarlo. Ich gebe dir mein Buch, damit du es nicht kaufen mußt.
Estoy escribiendo un artículo para el cual me faltan todavía algunos detalles. Ich schreibe einen Artikel, für den mir noch einige Einzelheiten fehlen.

Übung: II.18.2

298 *Esto es lo que digo.* Das ist es, was ich sage.
Es todo lo que sé. Das ist alles, was ich weiß.

lo que bezieht sich auf ein Neutrum wie *esto* und *todo*,

Bei *algo* wird jedoch das Relativpronomen *que* verwendet:
Es algo que no comprendo. Das ist etwas, was ich nicht verstehe.
lo que tritt in der indirekten Frage häufig an die Stelle von *qué*:
Dime lo que has hecho. Sag mir, was du gemacht hast.

Übungen: III.6.3; III.12.1

299 *La madre de Teresa respeta sus opiniones personales, lo que no ocurre con el padre.* Teresas Mutter respektiert ihre persönlichen Ansichten, was beim Vater nicht der Fall ist.
Teresa da clases particulares, lo cual le permite ahorrar cada mes alguna cantidad de dinero. Sie gibt Privatstunden, was es ihr ermöglicht, jeden Monat etwas zu sparen.

lo que/lo cual bezieht sich auf den Inhalt der vorangehenden Aussage.

Auch mit Präpositionen:
Quería comprar una máquina de escribir, para lo cual le faltaban aún quinientas pesetas. Sie wollte eine Schreibmaschine kaufen, wozu ihr noch 500 Peseten fehlten.

Übung: I.23.2

300 *Los que hacen la publicidad en la televisión han sido criticados muchas veces.* → 62
Diejenigen, die im Fernsehen die Werbung machen, sind oft kritisiert worden.
Teresa entrega a su familia la mitad de lo que gana. Teresa gibt ihrer Familie die Hälfte von dem, was sie verdient.
Lo que me interesa saber es si vale la pena ver ese museo. Was mich interessiert, ist, ob es sich lohnt, sich das Museum anzusehen.

Quien dice eso no tiene idea de la realidad. Wer das sagt, hat keine Ahnung von der Wirklichkeit.
Hay quien dice que es verdad. Es gibt Leute, die sagen, das sei wahr.

el que, la que, lo que (und die Pluralformen *los que, las que*) sowie *quien* können verwendet werden, ohne daß ein Wort oder eine Aussage vorausgehen, auf die sie sich beziehen.

Übungen: I.23.3; I.23.6; III.6.3

El señor a quien esperaba no vino. Der Herr, auf den ich wartete, kam nicht. **301**
La chica con quien estuve en España me visitará pronto. Das Mädchen, mit dem ich in Spanien war, besucht mich bald.

quien bezieht sich nur auf Personen. Es steht in erster Linie nach einsilbigen Präpositionen.

Wenn keine Präposition steht, wird meist *que* gebraucht → 296.
Bei mehrsilbigen Präpositionen steht meist *el cual* → 297.

Hay personas cuyo comportamiento es una vergüenza para todo el país. Es gibt Leute, **302**
deren Benehmen/Verhalten eine Schande für das Land ist.
Conozco a un señor cuya madre es suiza. Ich kenne einen Herrn, dessen Mutter Schweizerin ist.
Esta es la amiga a cuyos hijos habíamos invitado el fin de semana. Das ist die Freundin, deren Kinder wir am Wochenende eingeladen hatten.

cuyo entspricht sinngemäß dem deutschen *dessen/deren*, richtet sich aber in seiner Endung (Geschlecht und Zahl) nach dem folgenden Substantiv, also nach dem „Besitz" und nicht nach dem „Besitzer".

Übungen: II.18.2; III.14.4

Voy a la playa, donde me esperan mis amigos. Ich gehe zum Strand, wo mich meine **303**
Freunde erwarten.
La ciudad donde nací/en que nací es poco conocida. Die Stadt, in der ich geboren wurde, ist wenig bekannt.

304 *Recuerdo cuando éramos niños.* Ich erinnere mich an die Zeit, als wir Kinder waren.

Diese Verwendung von *cuando* ist vergleichbar mit *el que, lo que* usw. → 300: *cuando* bezieht sich nicht auf ein vorangehendes Wort, bzw. das sinngemäß zu ergänzende *el tiempo* ist nicht genannt.

Vergleichen Sie aber damit folgende Relativsätze:
el día que llegó mi padre an dem Tag, an dem mein Vater kam
cada vez que nos vemos jedesmal wenn wir uns sehen (jedes Mal, das...)
el año que nació das Jahr, in dem er geboren wurde

Das indefinite Pronomen

Zur Gruppe der „indefiniten" oder unbestimmten Pronomen zählen viele Wörter, die man einfach als solche kennen muß; ihre Anwendung bietet keinerlei Schwierigkeit (z.B. *lo demás* das übrige, *los demás* die übrigen, *otro* → 170 ein anderer, *el otro* der andere, *los otros* die anderen usw.). Auch die Tatsache, daß ein Wort ein „indefinites Pronomen" ist, spielt für das Erlernen und die richtige Anwendung keine Rolle.
Das wichtigste deutsche unbestimmte Pronomen ist *man* → 60–61, 63.
Es folgen die wichtigsten spanischen unbestimmten Pronomen, deren systematische Erfassung und teilweise Erläuterung zweckmäßig erscheint:

algo/nada 305	cada 313
alguien/nadie 306	cualquiera 314–316
alguno/ninguno 307, 315	mismo 317
mucho/poco, tanto 308	tal 318
muchos/pocos, la mayoría 309	los dos 319
todo, todos 310-312, 316	un solo 320

305 *¿Ha perdido Vd. algo?* Haben Sie etwas verloren?
Cualquier mujer tiene algo propio. Jede Frau hat etwas Eigenes, etwas Besonderes.
– *¿Hay algo de nuevo? – Nada de importancia.* Etwas Neues? – Nichts Wichtiges.
Para la cena, no hay nada especial. → 376 Es gibt zum Abendessen nichts Besonderes.

Übungen: I.6.5; I.18.2

306 *¿Ha llamado alguien?* Hat jemand angerufen?
No ha llamado nadie. Es hat niemand angerufen. → 376

alguien und *nadie* stehen für Personen. Eine Verbindung mit einem Substantiv – „jemand von meinen Freunden" → 307 – ist nicht möglich.
a alguien, a nadie → 183.

Übung: I.23.9

– *Hace un rato ha llamado alguien. Volverá a llamar. – Será uno/alguno de mis amigos.* Vorhin hat jemand angerufen. Er wird wieder anrufen. – Das wird einer meiner Freunde sein. **307**

No ha llamado ninguno (de tus amigos). Es hat keiner angerufen. → 376

¿Quieres leer alguno de mis libros? Willst du irgendeines meiner Bücher lesen?

Tengo muchos libros. ¿Quieres leer alguno? ¿O es que no te interesa ninguno? Oder interessiert dich keines?

¿Tienes algún libro para mí? Hast du irgendein Buch für mich?

¿No tienes ningún libro interesante? Hast du kein interessantes Buch? → 376

alguno und *ninguno* stehen immer in Beziehung zu einem – vorher oder nachher genannten – Substantiv.
Verkürzung *algún, ningún* → 191. Vergleich *alguno* mit *cualquiera* → 315.

Von *alguno* wird ein Plural gebildet, von *ninguno* nicht:

Hoy vienen algunos amigos míos. Heute kommen einige Freunde von mir.

¿A ti no te visita ningún amigo? Besucht dich kein Freund/besuchen dich keine Freunde?

Übung: I.21.13

Ha pasado mucho/han pasado muchas cosas desde entonces. Vieles ist seitdem geschehen. **308**

Es poco lo que sabemos. Es ist wenig, was wir wissen.

¡Tanto ha cambiado/tantas cosas han cambiado! So vieles hat sich verändert.

Muchos lo saben. Viele wissen es. **309**

Hay pocos que no lo saben. Es gibt nur wenige, die es nicht wissen.

Muchos alemanes lo saben. Viele Deutsche wissen es.

La mayoría lo sabe desde hace tiempo. Die meisten wissen es seit einiger Zeit.

La mayoría de mis amigos lo saben. Die meisten meiner Freunde wissen es.

Lo saben muy pocos. Die wenigsten wissen es.

Superlative von *muchos* und *pocos* gibt es nicht. Sie müssen umschrieben werden: *la mayoría* die meisten, *muy pocos* die wenigsten.

310 *Todo está bien.* Alles ist in Ordnung.
¿Cuántas semanas dura todo eso? Wie viele Wochen dauert das alles?
Carmen ya lo sabe todo. → 265 Carmen weiß schon alles.

311 *No me gusta estar al sol todo el día.* Ich liege nicht gern den ganzen Tag in der Sonne.
Pablo conoce todo el mundo. Pablo kennt die ganze Welt.
Pablo conoce a todo el mundo. Pablo kennt alle Welt/alle möglichen Leute.
He tenido que esperar toda la tarde. Ich habe den ganzen Nachmittag warten müssen.

todo el/toda la + Substantiv = ganz.

Übung: I.11.8

312 *Nos vemos todos los días.* Wir sehen uns jeden Tag (alle Tage).
Allí vas a conocer a todos mis hermanos. Dort wirst du alle meine Geschwister kennenlernen.
¿Has visto todas las fotos que tengo? Hast du alle Fotos gesehen, die ich habe?
¿Has visto todas mis fotos? Hast du alle meine Fotos gesehen?

todos los/todas las + Substantiv = alle.
todos mis hermanos alle meine Brüder, *todas tus cosas* alle deine Sachen usw.
Vergleiche mit *cada* und *cualquiera* → 316.

Übung: I.11.8

313 *En cada viaje compro algo para mi mujer.* Bei jeder Reise kaufe ich etwas für meine Frau.
Cada día se aprende algo nuevo. Jeden Tag lernt man etwas Neues.
He visto muchas ciudades españolas, y en cada una hay algo interesante. Ich habe viele spanische Städte gesehen, und in jeder gibt es etwas Interessantes.

cada ist ein unveränderliches Pronomen: *cada año, cada semana.* Es steht nie allein, sondern zusammen mit einem Substantiv oder mit *uno/una: cada ciudad, cada una (de las ciudades).*
Vergleiche mit *todos* und *cualquiera* → 316.

Einige wichtige Ausdrücke mit *cada*:
cada vez que le veo jedesmal, wenn ich ihn sehe
es cada vez más caro es ist/wird immer teurer → 205
cada dos horas/días alle zwei Stunden/Tage.

Übung: I.21.12; II.9.4

El Drug Blau es un centro comercial que está abierto a cualquier hora. Der Drug Blau ist ein Einkaufszentrum, das zu jeder (x-beliebigen) Tages- und Nachtzeit geöffnet ist. **314**
Allí hay de todo. Allí encuentras cualquier cosa. Dort gibt es alles mögliche. Dort findest du alles (was dir möglicherweise einfallen könnte).
En Barcelona, cualquiera te dirá dónde están las Ramblas. In Barcelona kann dir jeder (wen auch immer du fragst) sagen, wo die Ramblas sind.
Todas estas máquinas de escribir son nuevas. Y cualquiera de ellas tiene un año de garantía. Alle diese Schreibmaschinen sind neu, und jede (ganz gleich, welche Sie evtl. kaufen werden) hat ein Jahr Garantie.

> *cualquiera* steht für Personen oder Sachen. Verkürzung *cualquier* → 192. Vergleich mit *alguno*, *todos* und *cada uno* → 315–316.

Übungen: II.9.3; II.9.4; II.14.4; III.11.1

Podemos ir a Barcelona algún día de la semana que viene. Wir können irgendwann einmal nächste Woche – der Tag muß jetzt noch nicht festgelegt werden – nach Barcelona fahren. **315**
– ¿ Cuándo podría Vd. ir a Barcelona? – Cualquier día de la semana que viene. Wann könnten Sie nach Barcelona fahren? – An jedem Tag der kommenden Woche. (Mir ist es ganz gleich, an welchem Tag. Vielleicht machen Sie einen Vorschlag.)

> *algún día:* ein nicht näher bestimmter Tag.
> *cualquier día:* ebenfalls ein nicht näher bestimmter Tag. Der Ausdruck betont aber, daß jede Möglichkeit offen ist – was sehr oft bedeutet, daß damit ein Angebot an den Gesprächspartner verbunden ist, die Wahl selbst zu treffen. (In diesem Fall ist *cualquier día* gleichbedeutend mit *el día que quiera Vd.* → 94).

Carmen puede ir todos los días a la playa. Carmen kann jeden Tag an den Strand gehen. (Und sie tut es auch ziemlich regelmäßig). **316**
A mí no me gusta ir todos los días/cada día a la playa. Ich gehe nicht gern jeden Tag an den Strand.

Podemos ir a la playa cualquier día de la semana que viene. → 315 Wir können an einem/irgendeinem Tag der nächsten Woche zum Strand gehen. (Es könnte theoretisch jeder Wochentag sein, aber wir werden nicht jeden Tag gehen, sondern nur an einem).
Todos sabemos que Paco está enfermo. Como no puede trabajar, tenemos que ayudarle todos. Wir alle wissen, daß Paco krank ist. Da er nicht arbeiten kann, müssen wir ihm alle (gemeinsam als Freunde) helfen.
Cada uno puede ayudarle de una forma diferente. Jeder (einzelne) kann ihm anders helfen. (Das ist tatsächlich der Fall).
Cualquiera de nosotros puede ponerse enfermo también algún día. Jeder von uns kann (möglicherweise) auch irgendwann einmal krank werden.

Der Vergleich zeigt – in Verbindung mit 312–315 – folgendes:
todos los días: Jeden Tag wiederholt sich etwas, die Handlung vollzieht sich jeden Tag. (Das schließt aber nicht aus, daß gelegentlich, z.B. am Sonntag, eine Unterbrechung eintritt, denn *todos los días* bezeichnet viele Tage, die insgesamt als Einheit gesehen werden).
todos le ayudamos: die Freunde werden als Gruppe gesehen, die hilft. (Möglicherweise hat der eine oder andere aber doch keine Zeit zu helfen.)
cada día: Hier wird jeder Tag für sich gesehen, es ist also wirklich von jedem Tag (ohne Ausnahme) die Rede. Ausnahmen müßten eigens benannt werden: *casi cada día.*
cada uno: steng genommen jeder einzelne ohne Ausnahme.
cualquier día: gemeint ist nur ein Tag unter vielen Möglichkeiten.
cualquiera de nosotros: gemeint ist eine Person – oder mehrere Personen – unter einer größeren Zahl. Die Person steht jedoch nicht fest – ebenso wenig steht wirklich fest, daß eine der Personen des genannten Kreises tatsächlich krank werden wird.

317 *Vivimos en la misma casa.* Wir wohnen im gleichen Haus.
Ella misma/él mismo puede hacerlo. Puede hacerlo él mismo/ella misma. Das kann er/sie selbst machen.
El hotel tiene los mismos precios que el año pasado. Das Hotel hat die gleichen Preise wie im vergangenen Jahr. → 207

mismo steht in Verbindung mit einem Substantiv oder Pronomen, jedoch nicht allein.

Idiomatische Wendungen mit *mismo*:
Da lo mismo. Das ist ganz egal.
Me da lo mismo. Das ist mir gleich.

No quiero que pase tal cosa. Ich will nicht, daß so etwas passiert. 318
Yo no aceptaría tales condiciones. Ich würde derartige Bedingungen nicht annehmen.
→ 170

Los dos eran hermanos. Die beiden waren Brüder. 319
Los dos eran rubios. Beide waren blond. Alle beide waren blond.
Los tres querían ir a América. Alle drei wollten nach Amerika.

los dos steht sowohl für „die beiden“ als auch für „beide/alle beide“. *todos* kann bei Ausdrücken wie *los tres, los cuatro* usw. nicht stehen.

Me queda un solo paquete de cigarrillos. Ich habe nur noch ein Päckchen Zigaretten. 320
Una sola falta, nada más. Nur ein einziger Fehler.
Entre tantos hombres había una sola mujer. Unter so vielen Männern war eine einzige Frau.

Die Präposition

Die Präposition (Verhältniswort) gibt in ihrer Grundbedeutung das Verhältnis verschiedener Dinge oder Personen zueinander an:
El coche está en el garaje. Der Wagen steht in der Garage.
Voy con mis amigos. Ich fahre mit meinen Freunden.

Darüber hinaus werden Präpositionen in vielen Verbindungen – nach Verben, vor Substantiven, in adverbiellen Ausdrücken usw. – benützt, in denen die Grundbedeutung keine erkennbare Rolle spielt:
Empezamos a trabajar. Wir fangen an zu arbeiten.
Me voy de viaje. Ich gehe auf Reisen.
Son por lo menos diez. Es sind mindestens zehn.

Präpositionen nach Verben (Rektion der Verben) → 132, → 157
Präpositionen nach Substantiven (Rektion der Substantive) → 133
Präpositionen nach Adjektiven (Rektion der Adjektive) → 134
Präpositionen im verkürzten Nebensatz → 135–138

Ort und Raum, Richtung und Bewegung

321 – *¿Me oyes? Estoy en el aeropuerto.* Kannst du mich hören? Ich bin am Flughafen.
El jersey está en la maleta. Der Pullover liegt im Koffer.
Los papeles están en la mesa. Die Papiere liegen auf dem Tisch.

en ist die wichtigste Präposition des Orts.

Weitere Ortsangaben:
Estoy en casa. Ich bin zuhause.
Estoy en casa de un amigo. Ich bin bei einem Freund.
Aparcamos frente a/enfrente de la iglesia. Wir parkten gegenüber der Kirche.
Aparcamos delante de la iglesia. Wir parkten vor der Kirche.
Aparcamos detrás de la iglesia. Wir parkten hinter der Kirche.
El espejo está encima del lavabo. Der Spiegel hängt über dem Waschbecken.

a la derecha	rechts	*al otro lado*	auf der anderen Seite
a la izquierda	links	*a 20 km de aquí*	20 km von hier
a la puerta	an der Tür		

Bestimmte Ortsangaben werden mit *a* gebildet.

Übung: I.7.6

¿Hay una farmacia por aquí? Gibt es hier irgendwo eine Apotheke? **322**
Por aquí hay muchas tiendas. Hier in der Gegend gibt es viele Geschäfte.

por läßt die folgende Ortsangabe allgemeiner, ungenauer erscheinen.

Übung: I.20.5

¿Conoces a la chica que entra por esa puerta? Kennst du das Mädchen, das dort zur Tür hereinkommt? **323**
Me gustaría hacer un viaje por España. Ich würde gern eine Reise durch Spanien machen.
Si no le importa, pasamos por la Central de Correos. Wenn es Ihnen nichts ausmacht, gehen wir an der Hauptpost vorbei.
Tengo que pasar por el Banco. Ich muß kurz zur Bank gehen.

por wird in Ortsangaben verwendet, wenn eine Bewegung durch diesen Ort hindurch oder an ihm vorbei führt bzw. ihn kurz berührt.

Auch einige Präpositionen des Orts werden durch *por* ergänzt, wenn eine Bewegung angegeben werden soll:
Pasamos por debajo del puente. Wir fuhren unter der Brücke durch.
España obtiene una medalla de oro por delante de Alemania. Spanien erhält eine Goldmedaille vor Deutschland. (Hier spielt eine Vorstellung von Wettrennen eine Rolle.)
Pasamos por detrás de la catedral. Wir gingen hinter dem Dom vorbei.

Voy a Sevilla. Ich fahre nach Sevilla. **324**
¿Salimos a la calle? Gehen wir hinaus auf die Straße?
Vamos al cine. → 160 Wir gehen ins Kino.

a ist die wichtigste Präposition zur Angabe von Richtung und Ziel.

Weitere Richtungs- und Zielangaben:
Voy a comer a casa de mis padres. Ich gehe zu meinen Eltern zum Essen.
Yo no voy hasta Madrid. Ich fahre nicht bis Madrid.
Vamos hacia Madrid. Wir fahren in Richtung Madrid.

Nach Verben des Weggehens/Abfahrens steht zur Zielangabe *para:*
Mañana salimos para Francia. Morgen fahren wir ab nach Frankreich.

Übungen: I.6.6; I.7.6; I.7.8

325 *El viaje de Barcelona a Madrid, ¿ cuántas horas son?* Wie lange dauert die Fahrt von Barcelona nach Madrid?
Hay una cola desde aquí hasta la frontera. Die Autoschlange reicht von hier bis zur Grenze.

de ... a gibt Ausgangs- und Endpunkt einer Bewegung/Strecke an. *desde ... hasta* betont die Genauigkeit der Angabe oder die besondere Länge.

Zeit

326 *¿ A qué hora quiere venir Vd.?* Um wieviel Uhr wollen Sie kommen?
A las nueve, si le parece. Um neun, wenn es Ihnen recht ist.
Muy bien, a las nueve de la noche. Gut, um neun Uhr abends.

a steht zur Angabe der Uhrzeit. → 166 *de* steht zur Angabe der Tageszeit in Verbindung mit der Uhrzeit.

Beachten Sie die Bedeutung von *hacia* in Zeitangaben:
Nos encontramos hacia las cuatro. Wir trafen uns so ungefähr um vier Uhr.

Übungen: I.14.5; I.14.6; I.14.8; I.15.7; I.16.5; II.3.3

327 *¿ Quiere Vd. venir por la mañana? ¿ O por la tarde, o por la noche?* Wollen Sie vormittags kommen? Oder nachmittags/abends oder später abends?

por steht in allgemeinen Angaben der Zeit, vor allem der Tageszeit. Vgl. 326.

328 *Este trabajo no lo puedo hacer en un día.* Diese Arbeit kann ich nicht an einem Tag machen.
El tren viene en cinco minutos. Der Zug kommt in fünf Minuten.
Vuelva Vd. dentro de media hora. Kommen Sie nach einer halben Stunde wieder.

en steht in Angaben der Zeitdauer – *en un día* – oder in Angaben eines Zeitpunktes (nach Ablauf einer Zeit) – *en cinco minutos.*
dentro de steht in Angaben eines Zeitpunkts (nach Ablauf einer Zeit), ist also nicht dem deutschen „innerhalb von" gleichzusetzen.

El museo está cerrado de 12 a 4. Das Museum ist von 12 bis 4 geschlossen. **329**
El museo está cerrado del 15 de marzo al 15 de abril/desde el 15 de marzo hasta el 15 de abril. Das Museum ist vom 15. 3. bis 15. 4. geschlossen.

¿Hay que tomar esta medicina antes o después de la comida? Muß man die Medizin vor oder nach dem Essen nehmen? **330**
¿Hay que tomarla antes o después de la comida? Muß man sie vor oder nach dem Essen nehmen?

antes de/después de stehen in Angaben einer Zeit vor bzw. nach einem Zeitpunkt (oder Zeitraum).
Beide Präpositionen können kombiniert werden zu *antes o después de/antes y después de la cena.*

– *¿Cuándo ha visto Vd. a Carmen? – Hace mucho tiempo/hace un año/hace media hora.* **331**
Wann haben Sie Carmen gesehen? – Vor langer Zeit/vor einem Jahr/vor einer halben Stunde.

hace – es ist soundsolange her – entspricht dem deutschen „vor", wenn zur Angabe eines Zeitpunktes in der Vergangenheit eine Zeitspanne – *mucho tiempo, un año, media hora, unos momentos* – zurückgerechnet wird. Vgl. *antes de* → 330.

Übung: II.11.8

– *¿Desde cuándo está Vd. en Madrid?* Seit wann sind Sie in Madrid? **332**
– *Desde hace cinco años.* Seit fünf Jahren.
Pero hace sólo tres años que tenemos este piso. Aber erst seit drei Jahren haben wir diese Wohnung.

desde bezeichnet den Zeitpunkt, in dem eine Handlung begann: *desde 1976, desde la semana pasada, desde mi cumpleaños.*

desde hace bezeichnet den gleichen Zeitpunkt, aber durch Zurückrechnen um einen Zeitraum: *desde hace un año* seit einem Jahr, *desde hace una semana* seit einer Woche.
Diese Zeitangabe durch Zurückrechnen kann auch umschrieben werden durch *hace ... que: hace un año que estoy aquí, hace mucho tiempo que no le veo.*

Übungen: I.12.5; II.11.5; II.11.8

333 *Hemos estado al sol tres horas.* Wir waren drei Stunden (lang) in der Sonne.
Hemos estado al sol (durante) todo el día. Wir waren den ganzen Tag in der Sonne.
Roberto va dos días a Barcelona. Roberto geht (für) zwei Tage nach Barcelona.
Su hermano va por un año a Francia. Sein Bruder geht für ein Jahr nach Frankreich.

Zur Angabe einer Zeitdauer steht im allgemeinen keine Präposition.
por steht gelegentlich zur Angabe einer geplanten Zeitdauer.

Beziehungen zwischen Personen

334 *Entre nosotros no hay problemas.* Zwischen uns gibt es keine Probleme.
Entre amigos se puede decir eso. Unter Freunden kann man das sagen.

335 *Si ves a Carolina, dale saludos de mi parte.* Wenn du Carolina siehst, grüß sie von mir.
¿ Un recado para el señor Ferrer ? ¿ De parte de quién? Eine Nachricht für Herrn Ferrer? Von wem?

→ 336
Lo hago por Vd. Ich mache es für Sie/Ihretwegen.

→ 183
Se lo daré a mi amigo. Ich werde es meinem Freund geben.
¿ Conoce Vd. a mi amigo ? Kennen Sie meinen Freund?

Grund, Ursache

336 – *¿ Por qué viaja Vd. a Sevilla ? – Porque tengo que hacer allí.* Warum reisen Sie nach Sevilla? – Weil ich dort zu tun habe.
Muchos clientes del hotel se van por la lluvia. Viele Hotelgäste reisen wegen des Regens ab.

por steht in der Frage nach dem Grund bzw. in der Angabe eines Grundes.

So ist auch folgendes Beispiel als Angabe eines inneren Beweggrundes zu verstehen: *Lo hago por Vd., no por el jefe.* Ich mache das für Sie/Ihretwegen/Ihnen zuliebe, nicht für den Chef.

Übungen: I.18.5; II.5.3; III.4.5

Estoy un poco cansado del trabajo. Ich bin etwas müde von der Arbeit. **337**
Me muero de hambre. Ich sterbe vor Hunger.
Lloraba de alegría. Sie weinte vor Freude.

de steht in einigen Ausdrücken zur Angabe der Ursache.

El consumo ha aumentado mucho debido al desarrollo económico. Der Konsum ist **338** infolge der wirtschaftlichen Entwicklung stark gestiegen.
Los trenes llegan tarde a causa de la nieve. Die Züge kommen infolge der Schneefälle/wegen des Schnees verspätet an.
En vista del mal tiempo decidieron quedarse en casa. Im Hinblick auf das schlechte Wetter/angesichts des schlechten Wetters beschlossen sie zu Hause zu bleiben.
Teresa ha estado en Inglaterra gracias al intercambio entre familias. Teresa war dank dem Familienaustausch in England.
Ferrer salió a pesar del mal tiempo. Ferrer fuhr trotz des schlechten Wetters los.

Die Beispiele zeigen weitere Präpositionen zur Angabe des Grundes.
a pesar de gibt an, daß die – wegen eines Grundes/einer Ursache – erwartete Auswirkung nicht eintritt.

→ **62**
Fui invitado por unos amigos. Ich wurde von Freunden eingeladen.

Zweck, Bestimmung, Absicht

Trabajo para un periódico. Ich arbeite für eine Zeitung. **339**
¿Qué regalo tienes tú para Carmen? Was hast du für ein Geschenk für Carmen?
Ha llegado un telegrama para Vd. Es ist ein Telegramm für Sie gekommen.
He llamado para reservar una habitación. → 135 Ich habe angerufen, um ein Zimmer zu bestellen.

para ist die wichtigste Präposition zur Angabe von Zweck, Ziel, Absicht. Vgl. *lo hago por Vd.* → 336

340 *Voy a buscarle.* Ich hole Sie ab.
Mi novio viene a buscarme. Mein Freund kommt mich abholen.
Andrés viene a vernos los fines de semana. Andrés kommt uns (immer) am Wochenende besuchen.
Andrés no siempre viene a comer a casa. Andrés kommt nicht immer zum Essen nach Hause.

a steht zur Angabe des Zwecks nach Verben der Bewegung.

Übungen: I.11.4; I.14.5; I.14.6

Beschreibung

341 *Teresa es una muchacha de 17 años.* Teresa ist ein 17jähriges Mädchen/ein Mädchen von 17 Jahren.
Viñas es un especialista de mucha experiencia. Viñas ist ein Spezialist mit viel Erfahrung.
¿Me prepara Vd. una tortilla de patatas? Machen Sie mir ein Omelett mit Kartoffeln?
Esto es de mucha importancia. Das ist von großer Bedeutung.

de wird in beschreibenden, charakterisierenden Angaben verwendet.

342 *Paco es un estudiante que trabaja de camarero.* Paco ist ein Student, der als Kellner arbeitet.
Está de camarero en Mallorca. Er ist als Kellner in Mallorca.

estar de/trabajar de + Berufsangabe bezeichnet den augenblicklich ausgeübten Beruf.

Übung: III.2.8

Mengen, Zahlenverhältnis

– *¿ Qué toma Vd. ? – Un vaso de vino y un poco de queso.* Was nehmen Sie? Ein Glas Wein und ein bißchen Käse. **343**

de steht nach substantivischen Mengenangaben wie *un poco, un vaso, medio kilo, dos litros* usw.

Beachten Sie, daß dies nur für substantivische Mengenangaben gilt:
Yo suelo tomar poco vino. Ich trinke normalerweise wenig Wein.
Yo no como mucho queso. Ich esse nicht viel Käse.

Un 10 por ciento de los accidentes en carretera se producen por culpa de la carretera. **344**
An 10% der Verkehrsunfälle ist die Straße schuld.

por steht in Prozentangaben. Vgl. 238.

Esta medicina la tomo tres veces al día. Ich nehme die Medizin dreimal am Tag. **345**
Nos vemos dos veces a la semana. Wir sehen uns zweimal in der Woche.
Una vez al año voy a Madrid. Einmal im Jahr fahre ich nach Madrid.

a steht in Angaben der Häufigkeit innerhalb eines bestimmten Zeitraums.

Andere Beziehungen und Verhältnisse

Lo puedes cortar con una tijera. Das kannst du mit einer Schere schneiden. **346**
¿ Por qué no escribes con bolígrafo ? Warum schreibst du nicht mit Kugelschreiber?
Voy en tren/con el tren. Ich fahre mit dem Zug.
Vamos en coche/con el coche. Wir fahren mit dem Auto.
Voy en avión. Ich fliege.

con ist die wichtigste Präposition zur Angabe des Mittels oder Werkzeugs. *en* steht meist zur Angabe des Verkehrsmittels. → 172

In bestimmten Ausdrücken steht *a* bzw. *por*:
Escribo a mano. Ich schreibe mit der Hand.
Escribo a máquina. Ich schreibe mit der Maschine.

Voy a pie. Ich gehe zu Fuß.
Lo mando por avión. Ich schicke es per Luftpost.

347 *¿Cuánto quiere Vd. por este reloj? Le doy quinientas pesetas por él.* Wieviel wollen Sie für diese Uhr? Ich gebe Ihnen 500 Peseten dafür.
Se lo vendo por mil. Ich verkaufe Sie Ihnen für tausend.
Tienes que ir con cuidado para que no te den gato por liebre. Du mußt vorsichtig sein, damit sie dich nicht übers Ohr hauen (damit sie dir nicht eine Katze für einen Hasen andrehen).
Camarero, ¿podría traerme arroz en vez de las patatas? Herr Ober, könnten Sie mir anstelle der Kartoffeln Reis bringen?
Podemos hacerlo hoy en vez de mañana/en lugar de mañana. Wir können es heute statt morgen machen.

> *por* ist die wichtigste Präposition zur Angabe des Kaufpreises, des Tausch- oder Ersatz- oder Verwechslungsobjekts usw.
> *en vez de/en lugar de* steht meist, wenn etwas Vorgesehenes verändert bzw. ausgetauscht werden soll.

Übung: I,18.4

348 *¿Es éste el coche de Ferrer?* Ist das der Wagen von Ferrer?
¿Dónde paran los autobuses de Iberia? Wo halten die Busse der Iberia?
Te esperaré en el aeropuerto de Barcelona. Ich werde dich am Flughafen von Barcelona erwarten.
No he recibido la nota de Vd. Ich habe Ihre Nachricht nicht bekommen.

> *de* steht in Angaben des Besitzes – *el coche de Ferrer* –, der Zugehörigkeit – *el aeropuerto de Barcelona* – und der Herkunft – *la nota de Vd.*

Übung: I.2.6

349 *¿Qué número de teléfono tiene Vd.?* Welche Telefonnummer haben Sie?
¿Tú también has recibido tantos regalos de Navidad? Hast du auch so viele Weihnachtsgeschenke bekommen?
Mira la cantidad de trabajo que tengo. Schau die Menge Arbeit, die ich da habe.
Aquí estamos a dos mil metros de altura. Hier sind wir in zweitausend Meter Höhe.

de steht sehr häufig zur Verbindung von zwei Substantiven, die einem deutschen zusammengesetzten Substantiv entsprechen (Telefonnummer, Weihnachtsgeschenk usw.). Dies gilt auch für die Fälle, in denen im Deutschen zwei Substantive ohne verbindendes Element nebeneinander stehen (Menge Arbeit usw.). Vgl. 343.

¿Cómo está Vd. de salud? Wie geht es Ihnen gesundheitlich? **350**
Mi marido no anda muy bien del corazón. Meinem Mann geht es nicht gut mit dem Herz.
Estoy un poco mal del estómago. Mein Magen ist nicht in Ordnung.
Soy corto de vista. Ich bin kurzsichtig.

de steht in den Beispielen etwa im Sinn von ,,hinsichtlich/bezüglich". Dabei geht es immer um den gesundheitlichen oder körperlichen Zustand. Vgl. 351.

En cuanto al trabajo de la mujer, la mentalidad española va cambiando. Hinsichtlich **351**
der beruflichen Tätigkeit der Frau ändert sich die spanische Mentalität allmählich.
Desgraciadamente no hay igualdad para la mujer respecto a los sueldos. Leider gibt es für die Frau bezüglich (Löhnen und) Gehältern keine Gleichberechtigung.

en cuanto a/respecto a werden vor allem in Bericht, Kommentar, Diskussion verwendet.

Übung: II.19.6

Hay muchas razones a favor de la limitación de velocidad en las carreteras. Es gibt **352**
viele Gründe zugunsten der Geschwindigkeitsbeschränkung auf Landstraßen.
Los que están en contra de la limitación no se dan cuenta de los peligros. Diejenigen, die gegen die Begrenzung sind, übersehen die Gefahren.

a favor de und *en contra de* werden zu positiven bzw. negativen Stellungnahmen verwendet.

Según la radio, se espera un caos del tráfico para el próximo fin de semana. Nach Rund- **353**
funkmeldungen wird für nächstes Wochenende ein Verkehrschaos erwartet.

Según un artículo que he leído quedan muy pocas chicas solteras en muchos pueblos de Andalucía. Nach einem Artikel, den ich gelesen habe, sind in vielen andalusischen Orten nur noch wenige unverheiratete Mädchen.

354 *Además de inglés, Montserrat sabe francés e italiano.* Außer Englisch kann Montserrat Französisch und Italienisch.
Han sido detenidos dos jóvenes que aparte de dos kilos de drogas llevaban 34.700 pesetas. Es wurden zwei junge Männer verhaftet, die außer 2 kg Drogen 34700 Peseten bei sich hatten.

> *además de/aparte de* entsprechen den deutschen Präpositionen ,,außer/zusätzlich zu“.

Die Konjunktion

Konjunktionen sind Bindeglieder zwischen Satzteilen – *él y yo* er und ich, *hoy o mañana* heute oder morgen –, zwischen Hauptsätzen – *le llamé, pero no estaba en casa* ich rief ihn an, aber er war nicht da – oder zwischen Haupt- und Nebensatz – *no estaba en casa cuando llamé* er war nicht zu Hause, als ich anrief – oder auch zwischen Nebensätzen.
Manche Konjunktionen bestehen aus einem Wort – *si, como, cuando* –, andere sind zusammengesetzt, vor allem mit Adverbien oder Präpositionen: *antes que, después que, hasta que, para que* usw.
Eine wichtige Rolle spielen einige Konjunktionen als Auslöser für die Verwendung des Subjuntivo → 95–100.

El y yo somos amigos. Er und ich sind Freunde. **355**
Sube al autobús y se sienta. Er steigt in den Bus und setzt sich.
Me han invitado a pasar las vacaciones en su casa, e incluso me pagan el viaje. Sie haben mich eingeladen, die Ferien bei ihnen zu verbringen, und sie zahlen mir sogar die Reise.

e vertritt *y* vor *i:* Carmen *e I*nés.

¿Vino o cerveza, señor? Wein oder Bier (mein Herr)? **356**
¿Es esta habitación u otra? Ist es dieses Zimmer oder ein anderes?

u vertritt *o* vor *o:* siete *u o*cho.

Mi habitación no es muy grande, pero es barata. Mein Zimmer ist nicht sehr groß, aber billig. **357**
Compré las cerezas aunque eran muy caras. Ich kaufte die Kirschen, obwohl sie sehr teuer waren.
Las compré a pesar de que eran carísimas. Ich kaufte sie, obwohl sie sündhaft teuer waren.
Las peras, en cambio, eran baratas. Die Birnen dagegen waren billig.

En ese hotel, el servicio es estupendo. Los precios, sin embargo... In dem Hotel ist der Service großartig, aber die Preise...
Mi madre cree que le hace un favor a mi marido preparándole la comida, mientras que él prefiere salir a comer. Meine Mutter glaubt, sie tut meinem Mann einen Gefallen, wenn sie ihm das Essen macht, während er viel lieber ausgeht.
No es para mí, sino para Carmen. Es ist nicht für mich, sondern für Carmen.
Por una parte, me gustaría ir directamente a Madrid, por otra parte no está mal la idea de ir por Pamplona. Einerseits würde ich gern direkt nach Madrid fahren, andererseits ist die Idee nicht schlecht, über Pamplona zu fahren.

Die Beispiele zeigen die Verwendung von Konjunktionen, die in verschiedener Weise Gegensätze anzeigen.

No es para mí, sino para ella. Es ist nicht für mich, sondern für sie.
No quiera engañarte, sino que te digo la verdad. Ich will dich nicht anschwindeln, sondern sage dir die Warheit.

sino steht zwischen Satzteilen, *sino que* zwischen Sätzen, d.h. *sino que* steht dann, wenn ein Verb folgt.

Übungen: II.3.7; II.14.3; III.15.2

358 *Nosotros vimos el centro comercial antes que se abriera al público.* Wir sahen das Einkaufszentrum, bevor es eröffnet wurde. → 96
Cuando yo salí de aquí tenía 20 años. Als ich von hier wegging, war ich 20 Jahre alt.
Desde que nacieron los chicos no podemos viajar como antes. Seitdem die Kinder geboren wurden, können wir nicht mehr wie früher reisen.
Mientras yo me duchaba, Pepe se afeitaba. Während ich mich duschte, rasierte sich Pepe.

Die in den Beispielen verwendeten Konjunktionen stellen zeitliche Beziehungen zwischen Handlungen in der Vergangenheit dar.

Übung: II.3.9

359 *Cuando voy al peluquero, siempre pido hora.* Wenn ich zum Friseur gehe, lasse ich mir immer einen Termin geben.
Cada vez que voy a Barcelona voy al hotel Viena. Jedesmal wenn ich nach Barcelona fahre, gehe ich ins Hotel Viena.

Die Beispiele zeigen Konjunktionen, die zur Angabe wiederholter Handlungen dienen.

Übung: I.15.11

Como no tenían habitación con baño, tomé una sin baño. Da sie kein Zimmer mit Bad hatten, nahm ich eins ohne. **360**
Me marcho, pues a las tres sale el tren. Ich gehe, denn um drei fährt der Zug.
Me dieron una habitación doble porque no quedaba ninguna individual. Sie gaben mir ein Doppelzimmer, weil kein Einzelzimmer mehr frei war.
No quedaba ninguna habitación individual, por eso me dieron una doble al mismo precio. Es war kein Einzelzimmer mehr frei, darum gaben sie mir ein Doppelzimmer zum gleichen Preis.
Teresa tiene a veces conflictos con su madre, ya que/puesto que ésta no respeta sus opiniones personales. Teresa hat manchmal Konflikte mit ihrer Mutter, da diese ihre persönlichen Ansichten nicht respektiert.

Die Beispiele zeigen die wichtigsten Konjunktionen zur Angabe einer Begründung. *como* wird vor allem dann verwendet, wenn die Begründung vor der Folge genannt wird, wenn also der Nebensatz vor dem Hauptsatz steht (vgl. den ersten Beispielsatz).

Übung: II.5.3

¿Vamos al fútbol si hay un buen partido? Gehen wir zum Fußball, wenn ein gutes Spiel ist? **361**
Si hubiese un buen partido iríamos al fútbol. Wenn ein gutes Spiel wäre, gingen wir zum Fußball. → 103
Caso que vea Vd. a Peralta, dígale que me llame. Falls Sie Peralta sehen, sagen Sie ihm, er soll mich anrufen. → 96

Die Beispiele zeigen die wichtigsten Konjunktionen zur Angabe von Bedingungen oder Voraussetzungen: *si* und *caso que.*

Übungen: I.12.3; I.23.9; III.14.2

– *Estoy cansado.* – *¿Cansado? ¡Si no has hecho nada!* Ich bin müde. – Müde? Wo du doch gar nichts getan hast! **362**
¡Si le digo que es verdad! Wenn ich Ihnen doch sage, es ist wahr!

si dient zur Betonung oder Beteuerung einer Aussage.

Übung: III.8.2

363 *A ver si tengo suerte.* Mal sehen, ob ich Glück habe.
He preguntado si tienen habitaciones libres. Ich habe gefragt, ob sie Zimmer frei haben.

si = *ob* leitet indirekte Fragesätze ein.

si = *ob* ist bewußt zu unterscheiden von *si* = *wenn*, da in Fragesätzen immer Indikativ (oder Potencial) steht:
Pregunto si viene. Pregunté si venía/vendría.

Übungen: I.8.1; II.11.2; II.11.3

364 *Viajamos en coche, como siempre.* Wir fahren mit dem Auto, wie immer.
Todo fue igual que el otro día. Alles war ganz genau wie neulich.
Lo hacemos como/tal como Vd. quiera. Wir machen es so, wie Sie wollen. → 94
Hace como si no hubiera pasado nada. Er tut, als wäre nichts passiert. → 97

Die Beispiele zeigen Konjunktionen, die eine Art Vergleich angeben.

Übungen: I.8.1

365 *Cuando se acaba la temporada, miles de personas se quedan sin trabajo, o sea que el turismo no es la solución del problema.* Am Ende der Saison werden Tausende arbeitslos, d.h., der Tourismus bringt keine Lösung.
Miles de personas se quedan sin trabajo, es decir que el problema no está resuelto. Tausende werden arbeitslos, d.h., das Problem ist nicht gelöst.
Hay sitios, como por ejemplo Mallorca, donde los españoles nos sentimos como si no estuviéramos en España. Es gibt Orte, wie z.B. in Mallorca, wo wir Spanier uns fühlen, als wären wir nicht in Spanien.

Die Beispiele zeigen die wichtigsten Konjunktionen, die zu näherer Erklärung verwendet werden: *o sea que, es decir que, como por ejemplo.*

366

Dice que está enfermo. Er sagt, daß er krank ist.
Creo que no viene. Ich glaube, daß er nicht kommt.
Quisiera que venga. Ich möchte, daß er kommt.
Me alegro que venga. Ich freue mich, daß er kommt.
No creo que venga. Ich glaube nicht, daß er kommt.
Es posible que venga. Es ist möglich, daß er kommt.

que ist die meistgebrauchte Konjunktion des Spanischen. *que* + *Subjuntivo* → 80–92. (Relativpronomen *que* → 296, → 93).

Fälle, in denen *que* anders als das deutsche „daß" verwendet wird:
Creo que sí/creo que no. Ich glaube schon/ich glaube nicht.

→ 100 → 96

Cuando Teresa se case querrá trabajar media jornada. → 100 Wenn Teresa einmal heiratet, möchte sie halbtags arbeiten.
Tan pronto como tenga hijos, Teresa dejará de trabajar con regularidad. → 100 Sobald sie Kinder hat, wird sie nicht mehr regelmäßig arbeiten.
Teresa seguirá trabajando mientras no tenga hijos. → 100 Sie wird weiterarbeiten, solange sie noch keine Kinder hat.
Seguirá trabajando hasta que tenga el primer hijo. → 100 Sie wird weiterarbeiten, bis sie das erste Kind bekommt.
Vds. pueden conocer nuestro centro comercial antes que se abra al público en general. → 96 Sie können unser Einkaufszentrum kennenlernen, bevor es dem großen Publikum zugänglich gemacht wird.

antes que → *96, cuando, tan pronto como, hasta que* → *100*

→ 98

Debemos mejorar los transportes colectivos de modo que todos los prefieran a sus coches particulares.

de modo que/de manera que/de tal forma que → 98

→ 99

Aunque tomó un taxi no llegó a tiempo.
Aunque tome un taxi no llegará a tiempo.

aunque → 99

Die Negation

367 – *¿ Tiene Vd. tiempo? – No, lo siento.* Haben Sie Zeit? – Nein, tut mir leid.
– *¿ Viene Vd.? – No, no voy. No puedo.* Kommen Sie? – Nein, ich komme nicht, ich kann nicht.
Es mejor no decir nada. Es ist besser, nichts zu sagen.

Die Verneinung *no* – nein/nicht – steht vor dem Verb: *no voy.* *no* steht auch vor dem Infinitiv.

Übungen: I.2.3; I.23.3

368 *No me gusta.* Es gefällt mir nicht.
No se lo digo. Ich sage es Ihnen nicht.

Zwischen *no* und dem Verb stehen die verbundenen Personalpronomen.

Übungen: I.4.8; III.7.3; III.7.4

369 *Tengo tiempo/no tengo tiempo.* Ich habe Zeit/keine Zeit.
Tengo amigos/no tengo amigos. Ich habe Freunde/keine Freunde.
Tengo un amigo rico/no tengo ningún amigo rico. Ich habe einen/keinen reichen Freund.

no steht als Verneinung „kein“, wenn das Substantiv im bejahten Satz ohne Artikel steht. Steht das Substantiv im bejahten Satz mit Artikel, so steht zusätzlich die Verneinung *ningún: un amigo – ningún amigo.*

370 *Los argentinos todavía no/aún no han ganado el partido.* Die Argentinier haben das Spiel noch nicht gewonnen.
Creo que ya no pueden ganar. Ich glaube, daß sie nicht mehr gewinnen können.

Häufige Verbindungen mit *no* sind: *todavía no/aún no* noch nicht, *ya no* nicht mehr.

Die Adverbien dieser Verbindungen können auch nachgestellt werden:
No han ganado aún. No han ganado todavía. (Seltener: *No pueden ganar ya.*)

No se veía ni una sola estrella. Man sah nicht einen einzigen Stern. **371**
– *¿ Pensáis encargar pronto un hijo? – ¿ Hijos? No, ni hablar.* Habt ihr vor, bald ein Kind zu kriegen? – Kinder? Keine Spur/kein Dran-Denken.
No tuvimos tiempo ni de ver la ciudad. Wir hatten nicht einmal Zeit, uns die Stadt anzusehen.
Ni siquiera tuvimos tiempo de ver la ciudad. Wir hatten nicht einmal Zeit, uns die Stadt anzusehen.
Vd. no molesta en absoluto. Sie stören überhaupt nicht.
– *¿ Le molesta? – En absoluto.* Stört Sie das? – Nein, gar nicht.

> Die Verneinung wird durch die Verwendung von *ni* oder *ni siquiera* verstärkt. – Eine starke Verneinung ist auch *en absoluto*, das als Antwort auch allein stehen kann.

Übung: I.22.3

Este regalo no es para Carmen, sino para su hermana. Das Geschenk ist nicht für Carmen, sondern für ihre Schwester. **372**
Ha venido no sólo Carmen, sino también su hermana. Nicht nur Carmen ist gekommen, sondern auch ihre Schwester.

> *no ... sino...* nicht ..., sondern... Vgl. *sino que* → 357
> *no sólo... sino también* nicht nur..., sondern auch.

Übung: III.14.2

– *¿ Vd. no habla inglés? – No, ni francés tampoco.* Sie sprechen nicht Englisch? – Nein, und Französisch auch nicht. **373**

> Nach einem ersten verneinten Satz wird ein zweiter mit *ni* angefügt.

Los turistas del norte vienen en grupos y se mezclan poco, ni con los españoles ni entre ellos. Die Touristen aus dem Norden kommen in Gruppen und kommen kaum mit anderen in Kontakt, weder mit den Spaniern noch untereinander. **374**

ni ... ni = weder ... noch ...

375 *No hay nadie.* Es ist niemand da.
No he visto a nadie. Ich habe niemand gesehen. → 183
Yo no veo ninguna posibilidad de hacerlo. Ich sehe keine Möglichkeit, es zu tun.
No he estado nunca en Sevilla. Ich bin noch nie in Sevilla gewesen.
Yo no lo conozco tampoco. Ich kenne es auch nicht.
No me acuerdo de nada. Ich erinnere mich an nichts.

Steht ein verneinendes Pronomen oder Adverb – *nadie, ninguno, nunca, tampoco, nada* – nach dem Verb, so muß auch vor dem Verb eine Negation – meist *no* – stehen.

Übungen: I.18.2; I.20.9; II.1.6; II.4.8

376 *Nadie te cree lo que dices.* Niemand glaubt dir, was du sagst.
Yo creo que ninguna mujer es verdaderamente fea. Ich glaube, keine Frau ist wirklich häßlich.

nadie und *ninguno* stehen häufig vor dem Verb. (Damit wird eine weitere Negation vor dem Verb überflüssig).

377 *Nadie pudo ir a buscarme.* Niemand konnte mich abholen.
A nadie se le ocurriría hacer una cosa así. Niemand würde es einfallen, so etwas zu machen.
Nunca he dicho tal cosa. Nie habe ich so etwas gesagt.
Nada he dicho. Nichts habe ich gesagt!
Yo tampoco puedo ir. Ich kann auch nicht hingehen.

nadie, nunca, nada, tampoco stehen vor dem Verb, wenn sie betont werden sollen.

Übung: I.21.4

378 *No le he dicho nunca nada.* Ich habe ihm nie etwas gesagt.
Si allí estamos sin coche, no vamos a poder ir nunca a ningún sitio. Wenn wir dort ohne Auto sind, können wir nie irgendwo hinfahren.
No he dicho nunca nada a nadie. Ich habe nie jemand etwas gesagt.

Yo no he oído nada tampoco. Ich habe auch nichts gehört.

Ist der gesamte Satz verneint, so steht statt positiver Pronomen oder Adverbien – *algo, alguien, también* – die entsprechende negative Form: *nada, nadie, tampoco.* Mehrfache Verneinungen stehen meist in der Reihenfolge, die in den Beispielen gezeigt wird.

Se marchó sin decir nada. Er ging weg, ohne etwas zu sagen.
Se marchó sin decir nada a nadie. Er ging weg, ohne jemand etwas zu sagen.
Se marchó sin que nadie le viera. Er ging weg, ohne daß ihn jemand sah.

Das gleiche gilt in Sätzen, in denen die Negation durch *sin* oder *sin que* eingeleitet wird.

Übung: I.21.5

Ahora tenemos más esperanza que nunca. Wir haben jetzt mehr Hoffnung als je zuvor. **379**
Estoy mejor que nunca. Es geht mir besser denn je.
Vd. sabe más que nadie. Sie wissen mehr als jeder andere.

Nach Komparativen – *más, mejor* usw. – steht statt positiver Pronomen und Adverbien die entsprechende negative Form: *más que nunca, más que nadie.* Vgl. 378.

¿No quiere Vd. nada más? Wollen Sie nichts mehr/nichts weiter? **380**
Yo no quería nada especial. Ich wollte nichts Besonderes.
No me gustó nada. Das gefiel mir gar nicht.
No me gustó nada en absoluto. Das gefiel mir überhaupt nicht.

nada steht als Verneinung in Verbindung mit Adjektiven. *nada* nach dem Verb bezeichnet eine verstärkte Verneinung.

Übung: I.11.10

Muchos turistas no se interesan más que por una cosa: el sol, el mar y los precios. Viele Touristen interessieren sich nur/für nichts weiter als für die Sonne, das Meer und die Preise. **381**

no más que/ nada más que ist eine häufige Umschreibung für *sólo*, nur.

Betonung und Rechtschreibung

Die Beziehungen zwischen Aussprache und Schreibung sind im Spanischen weitgehend eindeutig; für die Aussprache eines geschrieben vorliegenden Wortes gibt es keinen Zweifel, und auch für die Schreibung eines korrekt gesprochenen Wortes bestehen nur wenige Möglichkeiten des Zweifels:
a. *hay*, *hace*, *hombre* usw. Es gibt eine Reihe von Wörtern, die ein *h* enthalten, das aber beim Sprechen nicht hörbar wird.
b. *bajo*, *voy* – beide Wörter beginnen mit dem gleichen Laut *b*, werden aber verschieden – mit *b* bzw. *v* – geschrieben. *tabaco*, *avanzar* – beide Wörter enthalten den gleichen Laut, werden aber verschieden – mit *b* bzw. *v* – geschrieben.
c. *general*, *mujer* – beide Wörter enthalten denselben Laut, werden aber verschieden – mit *g* bzw. *j* geschrieben.
Weitere Zweifel darüber, wie ein gehörtes Wort zu schreiben wäre, gibt es nicht, vorausgesetzt immer, daß der Sprecher einigermaßen deutlich „nach der Schrift" spricht und der Hörer mit den Regelmäßigkeiten der spanischen Sprache vertraut ist, also z.B. nicht *ceso* statt *queso* und nicht *quaso* statt *caso* schreibt.
Im folgenden geht es also nur um die Beziehungen zwischen Schreibung und Betonung, um die besondere Verwendung des geschriebenen Akzents und um die Silbentrennung.
Besonderheiten in der Schreibung einzelner Verbformen → 45–53.

382

la casa	*las casas*	*la bebida*	*vienen*
la clase	*las clases*	*el cigarrillo*	*trabajan*
el caso	*los casos*	*el certificado*	*necesitan*

> Alle Beispiele enden auf einen *Vokal* (*a*, *e*, *o*, selten *i* oder *u*), auf *n* oder *s*. Sie werden deshalb auf der *vorletzten Silbe betont.*

la ciudad	*mirar*	*personal*
la necesidad	*trabajar*	*igual*
la mitad	*motor*	*postal*

> Diese Beispiele enden auf einen *Konsonanten*, jedoch nicht auf *n* oder *s* (meist auf *d*, auf *r*, auf *l*). Sie werden deshalb auf der *letzten Silbe betont.*

In diesem Sinne sind auch *j* und *y* Konsonanten: *reloj*, *Paraguay* werden auf der letzten Silbe betont.

quizá	*quizás*	*alemán*	*aéreo*	383
daré	*darás*	*darán*	*fantástico*	
tomó	*adiós*	*administración*	*régimen*	

> Diese Beispiele enden auf einen *Vokal*, auf *n* oder *s* und werden nicht auf der vorletzten Silbe betont, sondern auf der *letzten* bzw. auf der *drittletzten*. Sie tragen deshalb auf der betonten Silbe einen *Akzent*.

árbol *azúcar* *débil* *inútil* *lápiz*

> Diese Beispiele enden auf einen *Konsonanten* und werden *nicht* auf der *letzten Silbe* betont. Sie tragen deshalb auf der betonten Silbe einen *Akzent*.

familia *cambia* *lengua* *miedo* *caigo* *cambio* 384

> Die Beispiele enthalten *Vokalverbindungen* mit *i* oder *u*: *ia*, *ai*, *ie*, *io*, *ua* usw. Diese Verbindungen zählen als eine Silbe. Innerhalb der Silbe wird *a*, *e* oder *o* stärker betont als *i* und *u*.
> Betonung also: fam*i*lia, c*a*mbia, l*e*ngua, mi*e*do, c*a*igo, c*a*mbio.

día *envía* *continúa* *se ríe* *país* *el mío*

> Durch *Akzent* wird angegeben, wenn *i* oder *u* mit einem anderen Vokal keine einsilbige Vokalverbindung bildet.

mi padre	mein Vater	*para mí*	für mich	385
tu padre	dein Vater	*¿vas tú?*	gehst du hin?	
te invito	ich lade dich ein	*¿un poco de té?*	etwas Tee?	
el padre	der Vater	*él no va*	er geht nicht hin	
se conocen	sie kennen sich	*no sé*	ich weiß nicht	
de Madrid	von Madrid	*¡no se lo dé!*	geben Sie es ihm nicht!	
		¿algo más?	sonst noch etwas?	
si viene	wenn/ob er kommt	*sí, viene*	ja, er kommt	
		habla de sí	er spricht von sich	

estoy solo	ich bin allein	*sólo yo*	nur ich
		aún está	er ist noch da

> Die Wörter der rechten Spalte tragen den Akzent nicht aus Gründen der Betonung, sondern zur Unterscheidung von gleichlautenden Wörtern anderer Bedeutung. (Die Formen *mas* und *aun* sind vergleichsweise unwichtig).
> Akzent bei Demonstrativpronomen → 282
> Akzent bei Interrogativpronomen → 284–295

386 *a-fir-mar* *a-gos-to* *Es-pa-ña* *a-pe-lli-do* *des-a-rro-llar*

> Das Spanische trennt nach *Sprechsilben; st* und *sp* wird getrennt. *ll*, *rr* und *ch* entsprechen einem Laut und können nicht getrennt werden. Die Vorsilbe *des-* bildet eine Einheit; das *s* wird nicht abgetrennt.

387

o-bre-ro	*ha-blar*	*ins-tru-men-to*
a-pren-der	*in-clu-so*	*in-dus-trial*
a-tre-ver-se	*im-po-si-ble*	*ins-truc-ción*
o-fre-cer	*in-fluen-cia* → 388	

> Die in den Beispielen gezeigten *r-Verbindungen* (*dr*, *pr* usw.) und *l-Verbindungen* (*bl*, *cl* usw.) werden nicht getrennt.

388 *fa-mi-lia* *cam-bia* *len-gua* *mie-do* *cai-go* *cam-bio*

> *Einsilbige Vokalverbindungen* → 384 werden nicht getrennt.

Wortbildungselemente

Man kann von einem Ausländer nicht erwarten, daß er selbständig neue Wörter in der Fremdsprache bildet. Selbst wenn er eine Reihe von Regeln dafür kennt, wie Wörter gebildet werden können, läuft er immer Gefahr, ein Wort zu bilden, das der Muttersprachler als falsch oder wenigstens nicht geläufig empfindet. Ein Beispiel: im Deutschen gibt es das Wort *sichtbar* – etwas, was man sehen kann, und das Wort *verkäuflich* – etwas, was man verkaufen kann. Das Wort *verkaufbar* gibt es nicht, und das Wort *sichtlich* hat eine andere Bedeutung als *sichtbar*.
Das Beispiel soll verdeutlichen, daß die folgenden Angaben zu Wortbildungselementen in vielen Fällen das Verstehen erleichtern sollen, aber nicht dazu verführen dürfen, auf eigene Faust neue Wörter zu „erfinden".

afirmar – afirmación behaupten, Behauptung **389**
explicar – explicación erklären, Erklärung
pronunciar – pronunciación aussprechen, Aussprache

Aus *Verben auf -ar* werden häufig *Substantive auf -ación* abgeleitet.

reducir - reducción reduzieren/verringern, Verringerung **390**
traducir – traducción übersetzen, Übersetzung
producir – producción herstellen, Herstellung

Aus den *Verben auf -ducir* werden *Substantive auf -ducción* abgeleitet.

claro – claridad klar/hell, Klarheit/Helligkeit **391**
cordial – cordialidad herzlich, Herzlichkeit
húmedo – humedad feucht, Feuchtigkeit
útil – utilidad nützlich, Nützlichkeit

Aus *Adjektiven* werden *Substantive mit der Endung -edad* oder *-idad* abgeleitet.

392 *aduana – aduanero* Zoll, Zöllner
cocina – cocinero Küche, Koch
cerveza – cervecero Bier, Bierbrauer — *cervecería* Brauerei
leche – lechero Milch, Milchmann — *lechería* Milchgeschäft
libro – librero Buch, Buchhändler — *librería* Buchhandlung
(*peluca*) – *peluquero* (Perücke), Friseur — *peluquería* Frisiersalon
carta – cartero Brief, Briefträger

> *Substantive mit der Endung -ero,* die aus einem anderen Substantiv abgeleitet werden, bezeichnen häufig – nicht immer – einen *Beruf.*
> *Die Endung -ería* bezeichnet das entsprechende *Geschäft.*

Mit zusätzlicher Erweiterung werden folgende Substantive gebildet:
café – cafetería Kaffee, Cafeteria
carne – carnicero – carnicería Fleisch, Fleischer, Fleischerei
pan – panadero – panadería Brot, Bäcker, Bäckerei

393 *fútbol – futbolista* Fußball, Fußballspieler
guitarra – guitarrista Gitarre, Gitarrenspieler
eléctrico/electricidad – electricista elektrisch/Elektrizität, Elektriker
novela – novelista Roman, Romanschriftsteller
ideal – idealista Ideal, Idealist

> *Substantive mit der Endung -ista* bezeichnen meist *Spieler, Angehörige von Berufen* oder *Anhänger von Ideologien.*

394 *momento – un momentito* Augenblick, einen ganz kleinen Augenblick
casa – casita Haus, Häuschen
hermana – hermanita Schwester, Schwesterchen

> *-ito* und *-ita* sind die häufigsten *Verkleinerungsendungen.*

Wie in anderen Sprachen – und im Spanischen wohl mehr als in anderen Sprachen – werden diese und andere Verkleinerungsformen auch vielfach verwendet, um Sympathie, aber auch Spott, Ironie usw. auszudrücken. Hierauf kann hier nicht näher eingegangen werden.

395
aparecer – desaparecer erscheinen, verschwinden
agradable – desagradable angenehm, unangenehm
cargar – descargar beladen, abladen
orden – desorden Ordnung, Unordnung

Verben, Adjektive und Substantive können durch die *Vorsilbe des-* eine *negative* oder *gegenteilige Bedeutung* bekommen.

396
responsable – irresponsable verantwortlich, unverantwortlich
personal – impersonal persönlich, unpersönlich
completo – incompleto vollständig, unvollständig
seguro – inseguro sicher, unsicher
quieto – inquieto ruhig, unruhig

Adjektive können durch die *Vorsilbe i-* bzw. *im-* bzw. *in-* eine *negative* oder *gegenteilige Bedeutung* bekommen.

397
aceptar – aceptable annehmen, annehmbar
aconsejar – aconsejable raten, ratsam
comparar – comparable vergleichen, vergleichbar
preferir – preferible vorziehen, (etwas, was) vorzuziehen (ist)

Von einigen *Verben* können mit der *Endung -able* bzw. *-ible Adjektive* abgeleitet werden (denen im Deutschen oft Adjektive auf „-bar“ entsprechen).

Der Verbstamm wird dabei gelegentlich stärker verändert:
comprender – comprensible verstehen, verständlich
ver – visible sehen, sichtbar

398
civil – civilizar zivil, zivilisieren
general – generalizar allgemein, verallgemeinern/generalisieren
normal – normalizar normal, normalisieren

Aus *Adjektiven auf -l* können mit der *Endung -izar Verben* abgeleitet werden (die meist auch im Deutschen in ähnlicher Form vorkommen).

399 *perdonar – perdonable – imperdonable* verzeihen, verzeihlich, unverzeihlich
explicar – explicable – inexplicable erklären, erklärlich, unerklärlich
seguro – inseguro – inseguridad sicher, unsicher, Unsicherheit
comprender – comprensible – incomprensible verstehen, verständlich, unverständlich
organizar – organización – desorganización organisieren, Organisation, Desorganisation/Organisationsmangel
regular – regularidad – irregularidad regelmäßig, Regelmäßigkeit, Unregelmäßigkeit

> Die Beispiele zeigen, daß *mehrere Wortbildungselemente* an der Bildung eines neuen Wortes beteiligt sein können.

400 *reconocer – reconocimiento* anerkennen, Anerkennung
nacer – nacimiento geboren werden, Geburt
casarse – casamiento heiraten, Heirat
nombre – nombrar – nombramiento Name, nennen/ernennen, Ernennung
falso – falsificar – falsificación falsch, fälschen, Fälschung
intenso – intensificar – intensificación intensiv, intensivieren, Intensivierung/Verstärkung
claro – aclarar – aclaración klar, klären, Klärung/Erklärung
seguro – asegurar sicher, sichern/versichern

> Die Beispiele zeigen einige weitere Wortbildungsmöglichkeiten, die jedoch weit weniger Verwendung finden als die vorangehenden.

Wort- und Sachregister

Für die alphabetische Einordnung zählt jeweils das erste Wort: *a ver* steht unter *a*, also vor *abajo*.

Die Hinweiszahlen beziehen sich auf die fortlaufenden Kennziffern, nicht auf Seiten.

a (Präposition)
  (Akkusativ der Person) 183
  (Dativ) 182
  (Entfernung) 321
  (Häufigkeit) 345
  (Ort) 321
  (Tageszeit) 173
  (Uhrzeit) 326
  (zeitliches Ende) 329
  (Ziel, Richtung) 324–325
  (Zweck) 340
  ¡a + Infinitiv! 140
a casa de 324
a causa de 338
a favor de 352
a ... km de 321
a la derecha 321
a la izquierda 321
a la puerta 321
a la vez 212
a lo mejor 79, 214
a mano 346
a máquina 346
a medianoche 173
a medias 213
a mediodía 173
a pesar de 338
a pesar de que 357
a pie 210, 346
a propósito 215
a tiempo
a veces 212
a ver 140
a ver si 140
a- (Wortbildung) 400
abajo 211
abierto 40
-able (Wortbildung) 397
abrirse 57
acabar de + Infinitiv 132, 228
  no acabar de + Infinitiv 228
-ación (Wortbildung) 389
aconsejar que + Subjuntivo 82
acordarse 8
acordarse de + Infinitiv 132
acostumbrado a + Infinitiv 134
acostumbrarse a + Infinitiv 132
además 215
además de 354
Adjektiv 185–207
  Endungen 185–187
  -ísimo 188
  Stellung zum Substantiv 189, 190
  Superlativ 195
  Vergleich und Steigerung 193–207
  Verkürzung vor dem Substantiv 191–192
admitir que + Subjuntivo 81
¿adónde? 294
Adverb 208—228
  Adjektiv statt Adverb 209
  Bildung von Adverbien 208
  -mente 208
  Stellung 222
  Vergleich und Steigerung 223–227
advertir 10
advertir que no + Subjuntivo 82, 157
agradecer 14
agradecer algo 157
agradecer que + Subjuntivo 84
agua *f* 159, 163
ahí 211
ahora 212

Akzent 52, 383–385
al (a + el) 160, 182
al + Infinitiv 136
al lado 211
al otro lado 321
alegrarse de + Infinitiv 132
alegrarse (de) que + Subjuntivo 84
algo (un poco) 213
algo (una cosa) 255, 305
alguien 306
algún 191
alguno 307, 315
alrededores 179
alto 209
allá 211
allí 211
allí mismo 211
andar 15
andar + Gerundio 143
anduve, anduviera 15, 43
anoche 212
anteayer 212
antes 212
cuanto antes 212
antes de 330
antes de + Infinitiv 137
antes que + Subjuntivo 96, 358
apenas 214
aparte de 354
aprender a + Infinitiv 132
apretar 7
aquel, aquellos 280
aquél, aquéllos 282
aquella, aquellas 280
aquélla, aquéllas 282
aquello 281
aquellos 280
aquéllos 282
aquí 211
aquí mismo 211
arreglárselas 59
arreglárselas para + Infinitiv 132
arriba 211
así 210
atraer 34
atravesar 7
atreverse a + Infinitiv 132
aún 212
aún no 370
aunque 357
aunque + Indikativ 99
aunque + Subjuntivo 99
ayer 212
ayudar a + Infinitiv 132

bajo 209
barato 209
basta + Infinitiv 132
basta con + Infinitiv 132
basta de + Infinitiv 132
bastante (Adverb) 210, 213
bastante (Adjektiv/Adverb) 209
bien 210, 213, 220
Betonung 382–384
buen 191
buenas noches 180
buenas tardes 180
bueno 189, 191
buenos días 180
buscar piso 171
buscar una secretaria 184

caber 16
no cabe duda de que + Indikativ 88
cada + Substantiv 313, 316
cada uno 313, 316
cada vez + Komparativ 205, 227
cada vez que 313, 359
caer 17, 50
caerse 56
caigo 17, 38
cambiar 5, 157
cambiar de opinión 157
cambiarse de ropa 157
capaz de + Infinitiv 134
-car 45
carácter 177
caro 209
caso que + Subjuntivo 96, 361
casi 213
cansa + Infinitiv 127
-cer 48
cerrar 7
cien 232
ciento 232
cierto 190
comenzar 7
comenzar a + Infinitiv 132
como (Grund) 360
como (Vergleich) 364

como máximo 213
como por ejemplo 365
como quiera 94
como si + Subjuntivo 97, 364
¿cómo? 291
¿cómo + Infinitiv? 139
comprobar 8
con 346
con + Personalpronomen 273
con mucho gusto 210
conducir 18, 38
conduje, condujera 18, 43
confundirse 58
conmigo 273
conocer 14
conseguir 12
conseguir + Infinitiv 128
conseguir + Subjuntivo 83
consigo 273
consistir en + Infinitiv 132
construir 13, 50
contar 8
contener 33
contigo 273
continuar 6
continuar + Gerundio 144, 228
convencer de (que) 157
convencer para que + Subjuntivo 157
convertirse 10
conviene 36
conviene + Infinitiv 91
conviene que + Subjuntivo 91
costar 8
creer 50
no creer que + Subjuntivo 88
creer + Infinitiv 128
creer que + Indikativ 88
creer que no 216
creer que sí 216
¿cuál? 290
cualquier 192, 314
cualquiera 314–316
cuando 358–359
cuando (Relativpronomen) 304
cuando + Indikativ 100
cuando + Subjuntivo 100
cuando quiera 94
¿cuándo? 295
cuanto antes 212
¿cuánto? 292
¡cuánto + Verb! 293
¡cuánto + Substantiv! 293
¿cuántos? 292
¡cuántos + Substantiv! 293
cubierto 40
cupiera, cupiese 16, 43
cuyo 302

da gusto + Infinitiv 127
da miedo + Infinitiv 127
dar 19
dar a conocer 132
darse prisa 59
Datum 235
de (Präposition)
(Beginn, örtlich) 325
(Beginn, zeitlich) 329
(Beschreibung) 341
(Besitz) 348
(Herkunft) 348
(Menge) 343
(Tageszeit) 173, 326
de nach Substantiv 133
estar de 342
trabajar de 342
de día 173
de esta forma 210
de esta manera 210
de forma que + Indikativ 98
de forma que + Subjuntivo 98
de manera que + Indikativ 98
de manera que + Subjuntivo 98
de mi parte 335
de modo que + Indikativ 98
de modo que + Subjuntivo 98
de ninguna manera 216
de noche 173
de nuevo 212
de otra forma 210
de otra manera 210
de parte de 335
de prisa 210
de pronto 210
de repente 210
de salud 350
de tal forma 210
de tal manera 210
de todos modos 214
de vez en cuando 212
dé 53
deber + Infinitiv 129, 150

deber (de) + Infinitiv 150
debido a 338
decidido a + Infinitiv 134
decidir + Infinitiv 128, 157
decidirse a + Infinitiv 157
decidirse por + Infinitiv 157
decidirse por + Substantiv 157
decir 20
decir que + Subjuntivo 80
decir que no 216
decir que sí 216
dedicarse a + Infinitiv 132
defender 7
dejar + Infinitiv 130
dejar de + Infinitiv 132
del (de + el) 160, 182
delante 211
delante de 321
demasiado 209, 213
demostrar 8
dentro 211
dentro de 328
des- (Wortbildung) 395
desaparecer 14
descubierto 40
desde 325
desde hace 332
desde luego 214
desde que 358
desear + Infinitiv 128
deshacer 24
despacio 210
despedirse 12
despertar 7
despertarse 7, 57, 58
después 212
después de 330
después de + Infinitiv 137
detener 33
detrás 211
detrás de 321
devolver 9
devuelto 9, 40
di (dar) 19
di (decir) 41
dicho 20, 40
diera 19, 43
diferente de 207
difícil → es difícil
digo 20, 38
dije, dijera 20, 43
diré 20, 42
dispuesto a + Infinitiv 134
divertirse 10
doler 8
donde 303
¿dónde? 294
dormir 11
dormirse 11, 58
doy 38
-ducción (Wortbildung) 390
dudar que + Subjuntivo 88
durante 333
durmiera 43

e 355
-edad (Wortbildung) 391
el/la (Artikel) 158–160
el/la + más + Adjektiv 195
él 265, 269
el cual, la cual 297
el de, la de 283
el que, la que 297, 300
elegir 12, 49
ella 265
ellas 265, 269
ello 265, 267
ellos 265, 269
empezar 7
empezar a + Infinitiv 132
en (Präposition)
(Jahreszahl) 234
(Jahreszeit) 173
(Monat) 173
(Ort) 321
(Verkehrsmittel) 172, 346
(Zeitdauer) 328
en absoluto 216, 371
en broma 210
en cambio 357
en casa de 321
en contra de 352
en cuanto a 351
en enero/febrero etc. 173
en fin 214
en general 214
en lugar de 347
en parte 213
en primavera/verano etc. 173
en serio 210
en todas partes 211

en total 215
en vez de 347
en vista de 338
encantado de + Infinitiv 134
encender 7
encima 211
encima de 321
encontrar 8
encontrarse 8
enfrente 211
enfrente de 321
enseguida 212
entender 7
entonces 212, 215
entre 334
entretanto 212
enviar 5
envolver 9
envuelto 9, 40
era 32, 44
-ería (Wortbildung) 392
-ero (Wortbildung) 392
es + Substantiv + Infinitiv 127
es cierto que + Indikativ 89
es claro que + Indikativ 90
es conveniente + Infinitiv 91
es conveniente que + Subjuntivo 91
es de importancia que + Subjuntivo 92
es decir que 365
es difícil + Infinitiv 127
es esencial que + Subjuntivo 92
es estupendo que + Subjuntivo 90
es evidente que + Indikativ 90
es extraño que + Subjuntivo 90
es fundamental que + Subjuntivo 92
es importante que + Subjuntivo 92
es imposible que + Subjuntivo 89
es indudable que + Indikativ 89
es inútil + Infinitiv 127
es inútil que + Subjuntivo 91
es lástima que + Subjuntivo 90
es mejor + Infinitiv 91
es mejor que + Subjuntivo 91
es natural que + Subjuntivo 90
es necesario que + Subjuntivo 92
es para + Infinitiv 132
es posible + Infinitiv 127
es posible que + Subjuntivo 89
es probable que + Subjuntivo 89
es seguro que + Indikativ 89
es (una) lástima que + Subjuntivo 90
esa 279
ésa 282
escribir que + Subjuntivo 80
escrito 40
ese, esos 279
ése, ésos 282
esforzarse 8
esforzarse por + Infinitiv 132
eso 281
esos 279
ésos 282
esperar + Infinitiv 128
esperar que + Futur 86
esperar que + Subjuntivo 86, 228
esta 278
ésta 282
establecer 14
estar 21
(Lage) 72
(Ort) 68–69
(Zustand) 70–71
estar oder ser 75, 76, 78
estar + Adjektiv 70–71
estar + Gerundio 143, 228
estar + Partizip 70–71, 148
estar a la disposición de 69
estar bien 220
estar de + Berufsangabe 73, 342
estar malo 220
estar sentado 72
este, estos 278
éste, éstos 282
esto 281
estos 278
éstos 278
estoy 21, 38
estudiar 5
estuve, estuviera 21, 43
evitar que + Subjuntivo 83
exigir algo a alguien 157

-ficar (Wortbildung) 400
-ficación (Wortbildung) 400
fijarse en 58
formarse una idea 59
frente a 321
fue, fuera 25, 32, 43
fuera (Adverb) 21[illegible]
fui 25

Futuro imperfecto 116–117
Futuro perfecto 117

gafas 179
ganarse la vida 59
-gar 46
„Gegenwartszeit“ 118–119
gente 178
-ger 49
Gerundio 142–145
Gerundio + Personalpronomen 262, 264
-gir 49
gracias 179
gracias a 338
gracias por + Infinitiv 133
gran 192
grande 192
Grundzahlen 229–238
guía *m* 158
gusta + Infinitiv 127
gusta que + Subjuntivo 84
gustar 228

haber 22, 23
haber + Partizip 64, 147
habrá 22, 23
hace + Zeitraum 331
hace + Zeitraum + que 332
hace poco 212, 331
hacer 24
hacer + Infinitiv 128, 130
hacerse rico 57, 156
hacia 314, 326
hago 24, 38
hambre *f* 159, 163
haré 24, 42
hasta 314, 325
hasta ahora 212
hasta que + Indikativ 100
hasta que + Subjuntivo 100
hay 23, 65
hay que + Infinitiv 66
  no hay que + Infinitiv 67
haya 38
he 22, 38
hecho 24, 40
herirse 10
hermanos 181
hice, hiciera 24, 43
hoy 212
hube, hubiera 22, 23, 43
hubiera hecho (habría hecho) 101
hubo 22, 23, 43
huele 8, 51

i- (Wortbildung) 396
iba 25, 44
-ible (Wortbildung) 397
-idad (Wortbildung) 391
igual 210
igual que 207, 364
im- (Wortbildung) 396
impedir 12
impedir que + Subjuntivo 83
importa que + Subjuntivo 85, 92
  no importa que + Subjuntivo 92
in- (Wortbildung) 396
incapaz de + Infinitiv 134
incluso 214
inconveniente 133
  tener inconveniente en + Infinitiv 133
indirekte Frage 298, 363
Infinitiv 126
Infinitiv + Personalpronomen 261, 263
Infinitiv als Imperativ 107, 141
Infinitiv als Satzverkürzung 135–141
insistir en + Infinitiv 132
insistir en que + Subjuntivo 80, 228
intentar + Infinitiv 128
interesa + Infinitiv 127
interesado en + Infinitiv 134
invitar a + Infinitiv 132
ir 25
ir a + Infinitiv 116, 151, 157, 228
irse 58
-ista (Wortbildung) 393
-ito, -ita (Wortbildung) 394
-izar (Wortbildung) 398

Jahresangabe 234
jugar 8
jugar a 167

Komparativ
  → Adjektiv (Vergleich)
  → Adverb (Vergleich)
Komparativ + de lo que + Verb 202, 225
Komparativ + que nadie 379
Komparativ + que nunca 379

la (Artikel) 158–160, 166
la, las (Personalpronomen) 246, 247
lástima que + Subjuntivo 87
le, les 243, 246, 257
limitarse a + Infinitiv 132
limpiar 5
lo (Artikel) 161
lo + Komparativ 195
lo + Komparativ + posible 226
lo de 161, 283
lo (Personalpronomen) *n* 248, 256
lo, los *m* (Personalpronomen) 246
los (Personalpronomen) 247, 256
lo cual 299
lo que 298–300
lo que quiera 94
lograr + Infinitiv 128
lograr que + Subjuntivo 83
los dos, las dos 319
luego 212
llegar a ser 132
llevarse 58
llover 8

mal (Adjektiv) 191
mal (Adverb) 210
malo 220
mano *f* 158
mantener 33
mañana 212
más (Adjektiv) 197
más (Adverb) 213
más + Adjektiv + que 194
más + Adverb + que 224
más + Substantiv + que 197
más bien 214
más de + Zahlwort 203
más o menos 214
más que 224
mayor 200, 201
me 244, 251
medio 170, 190
  hora y media 237
mejor 198–199, 224
menos 213
menos + Substantiv + que 197
menos de + Zahlwort 203
menos mal que + Indikativ 84
menos que 224
-mente 208
meterse 58
mi 274
mí 269
-miento (Wortbildung) 400
mientras 358
mientras + Indikativ 100
mientras + Subjuntivo 100
mientras que 357
mío 275–277
millón 233
mismo 190, 317
  ahora mismo 212
  allí mismo 211
  aquí mismo 211
  el mismo que 207
molesta que + Subjuntivo 85
Monatsnamen 173
morir 11
morirse 11, 56
mostrar 8
moverse 8
mucho (Adjektiv) 190, 192
mucho (Adverb) 209–210, 217
mucho + Komparativ 218
mucho (Pronomen) 308
muchos 309
muerto 40
muy 217

nacer 14
nada (Pronomen) 255, 305
nada (Negation) 375, 377, 378, 380
nada + Adjektiv 380
nada más que 381
nada más que + Zahlwort 204
nadie 306, 375–378
necesitar 155, 184
negarse 7
negarse a + Infinitiv 132
nevar 7
ni 371
ni ... ni 374
ni siquiera 371
ni tampoco 373
ningún 191, 369
ningún, ninguno 307, 375–376, 378
no 216, 367–373, 375, 378, 380–381
  que no 216
no hay que + Infinitiv 67
no más que 381

no más que + Zahlwort 204
no ... sino 372
no sólo ... sino también 372
no tener nada más que + Infinitiv 155
no tiene sentido + Infinitiv 127
nos 244, 251
nosotros 265, 269
nunca 212, 375, 377–378
nuestro 274–277

o 355
o sea que 365
obligado a + Infinitiv 134
obligar a + Infinitiv 132
obtener 33
ocuparse 58
ocuparse de + Infinitiv 132
ocurrírsele 58
ofrecer 14
oigo 26, 38
oir 26, 50
oir + Infinitiv 131
oler 8
olvidarse 56
olvidarse de + Infinitiv 132
olvidársele 127
Ordnungszahlen 239–241
orgulloso de + Infinitiv 134
os 244, 251
otro 170, 190

padres 181
pantalones 179
para (Präposition)
(Zeitraum) 333
(Richtung, Ziel) 324
(Absicht) 339
(Zweck) 339
para + Infinitiv 135
para que + Subjuntivo 95
¿para qué? 288
parar de + Infinitiv 132
parecer 14
parece que + Indikativ 88, 228
Partizip 40, 146–149
ser + Partizip 62
estar + Partizip 70–71, 148
pasado mañana 212
pedir 12
pedir que + Subjuntivo 80
pedir algo a alguien 157
pensar 7
pensar + Infinitiv 128
pensar en + Infinitiv 132
peor 198–199, 224
perder 7
perderse 57
perdonar que + Subjuntivo 87
permitir + Infinitiv 81, 128, 130
permitir que + Subjuntivo 81
permitirse el lujo 59
pero 357
Personalpronomen
Betonung des Personalpronomens 266, 271
ergänzendes verbund. Personalpr. 254–257
selbständiges Personalpronomen 265–273
Stellung zum Verb 258–264
verbundenes Personalpronomen 246–264
pertenecer 14
pidiera 43
poco 209–210
poco + Adjektiv 213, 216
poco a poco 210
poco (Pronomen) 308
pocos 309
poder 27, 28
poder + Infinitiv 129, 153
poner 28
ponerse 58
ponerse a + Infinitiv 132
ponerse enfermo 57, 156
pongo 28, 38
por (Präposition)
(Ersatz) 347
(Grund) 336
(Ort) 322–323
(Preis) 347
(beimPassiv) 62
(nach Substantiven) 133
(Täter) 62
(Zeitraum) 327, 333
por allí 211
por aquí 211
por avión 346
por casualidad 210
por ciento 344
por completo 210
por ejemplo 215, 365
por eso 360
por fin 212, 214

por lo menos 213
por otra parte 215, 357
por primera vez 212
por suerte 214
por supuesto 214
por todas partes 211
por una parte 215, 357
¿por qué? 288
porque 360
Potencial simple 101, 120
Potencial compuesto 101
Präsens 108
preferir 10, 228
preferir + Infinitiv 129
preferir que + Subjuntivo 80
preguntar a una persona 243
preguntar por una cosa 157
preguntar una cosa 157
preocupa que + Subjuntivo 86
prestarse a 58
Pretérito imperfecto 112–114
Pretérito indefinido 111
Pretérito perfecto 109–110
Pretérito pluscuamperfecto 115
primer 191
primero 209, 212, 235
probar 8
procurar + Infinitiv 128
producirse 18
prohibir + Infinitiv 81, 130
prohibir que + Subjuntivo 81
prometer + Infinitiv 128
prometerse 58
pronto 212
pronunciar 5
proponer 28
proponer + Infinitiv 128
proponer que + Subjuntivo 82
pude, pudiera 27, 43
puede ser que + Subjuntivo 89
pues 360
puesto 28, 40
puesto que 360
puse, pusiera 28, 43

que (Konjunktion) 297, 366
  que no 216
  que sí 216
que (Relativpronomen) 296
¿qué? 284
  ¿Präposition + qué? 284
¿qué + Infinitiv? 139
¿qué + Substantiv? 286
¡qué + Adjektiv! 287
¡qué + Adverb! 287
¡qué + Substantiv! 287
¡qué + Substantiv + más + Adjektiv! 287
¿qué le parece? 285
¿qué tal? 70
quedar en + Infinitiv 132
quedar por + Infinitiv 132
quedarse 58
quedarse con 58
quedarse sin 228
quepo 16, 38
querer 29, 38
querer + Infinitiv 129, 151
querer que + Subjuntivo 80
querría 102
quien 300–301
¿quién? 289
quise, quisiera 29, 43
quisiera 102, 152
quitarse algo 58
quizás 214
quizás + Subjuntivo 79

radio *f* 158
rápido 209
recién + Partizip 221
recientemente 221
recomendar 7
recomendar que + Subjuntivo 82
reconocer 14
recordar 8
recordar una cosa 157
recordar una cosa a una persona 157
reducir 18
reduje, redujera 18
referirse a 10
régimen 177
reirse 12
renunciar 5
renunciar a + Infinitiv 132
repetir 12
resolver 9
resuelto 9, 40
respecto a 351
rogar 8
rogar que + Subjuntivo 80
romperse 57
roto 40

saber 30
saber + Infinitiv 154
salir 31
salgo 31, 38
se (Reflexivpronomen) 251–252
se habla español 60
se pregunta uno 61
algo que se hace 63
se (Personalpronomen)
se lo, se la usw. 250
sé (saber) 30, 38, 53
sé (ser) 41, 53
seguir 12
seguir + Gerundio 144, 228
según 353
seguro 209
sentarse 7
sentir 10
sentir + Infinitiv 128, 228
sentir que + Subjuntivo 87
señor, señora, señorita 164
señores 181
sepa 30
ser 32
→ es
¿qué es? 73
¿quién es? 73
ser + Adjektiv 74, 75
ser + Berufsangabe 156
ser + Partizip 62
ser + Substantiv 73
ser + Zahlwort 77
ser + Zeitangabe 78
ser/estar 75–76, 78
servir 12
servir para + Infinitiv 132
si 96, 103–104, 361
si (Betonung) 362
si (Frage) 363
sí 216
que sí 216
sí (Reflexivpronomen) 270
siempre 212
sin + Infinitiv 138
sin + Infinitiv + Negation 378
sin embargo 357
sin que + Subjuntivo 96
sino 357
sino que 357
sintiera 43
soler 8
soler + Infinitiv 129, 228
solo/sólo 209
sólo 209, 381
sonar 8
soñar 8
soñar con + Infinitiv 132
sorprende que + Subjuntivo 85
soy 32, 38
su 274
Subjuntivo
(daß-Satz) 80–88, 89–92
(Bedingungssatz) 103–104
(nach Konjunktionen) 95–100
(Relativsatz) 93–94
(Zeitenfolge) 123–125
supe, supiera 30, 43
superior a 206
Superlativ des Adverbs 224
suponer 28
suponer que + Indikativ 88, 228
suyo 275–277

tal 170, 318
tal vez + Subjuntivo 79
tampoco 375, 377–378
tan + Adjektiv + como 193, 213
tan + Adverb + como 219, 223
tan poco + Substantiv + como 196
tan pronto como + Indikativ 100
tan pronto como + Subjuntivo 100
tanto (Adjektiv) 190, 192
tanto + Substantiv + como 196
tanto (Adverb) 209, 219, 223
tanto (Pronomen) 308
tardar 155
tardar en + Infinitiv 132
tarde 212
te 244, 251
temer que + Subjuntivo 86
temprano 209, 212
tener 33
tener + Partizip 147
tener piso 171
tener que + Infinitiv 129, 155
tener una secretaria 184
tengo 33, 38
tercer 191
ti 269
tocar 167
todavía 212

todavía no 370
todo 310
lo + Verb + todo 256
todo + Artikel + Substantiv 311
todo el día 311
todos 316
todos + Artikel + Substantiv 312, 316
todos los días 312, 316
total (Adverb) 215
trabajar de 342
traducir 18
traduje, tradujera 18, 43
traer 34, 50
traigo 34, 38
traje, trajera 34, 43
tratarse de 58
tropezar 7
tu 274
tú 265
tuve, tuviera 33, 43
tuyo 275–277

u 355
Uhrzeit 166
último 190
un, una (Artikel) 162, 163
un poco 213
un, uno (Zahlwort) 230
un solo 320
uno (Pronomen) 61
se pregunta uno 61
unos, unas 168, 169
unos + Zahlwort 169
usted, ustedes 265, 266, 269

valer 35
más vale + Infinitiv 127
valgo 35, 38
vámonos 41, 107
variar 5
Vd., Vds. 265, 266, 269
ve 41
veía 37, 44
veintiún 230
venir 36
vengo 36, 38
veo 37, 38
ver 37
ver + Infinitiv 131
Verb
Besonderheiten der Schreibung 45–53
Gerundio 142–145
Gruppenverben 5–14
Hilfsverben 64–78
Imperativ 105–107, 122–123
indirekte Rede 118–123
Infinitiv 126–141
Infinitiv mit Präposition 132–134
Modalverben 150–156
Partizip 146–149
Passiv 62
Potencial 101–104, 118, 120
reflexive Verben 4, 54–63
regelmäßige Verben 1–3
Subjuntivo 79–100, 103–106, 122–125
unregelmäßige Verben 15–44
Verben mit besonderer Konstruktion 157
Zeiten und ihre Verwendung (→ Präsens, Pretérito imperfecto, Pretérito perfecto, Pretérito indefinido, Pretérito pluscuamperfecto, Futuro, Potencial, Zeitenfolge)
Zeitenfolge 118–125
„Vergangenheitszeit“ 118, 120, 125
verse obligado a + Infinitiv 134
vestirse 12
vete 41
vine, viniera 36, 43
visto 37, 40
volar 8
volver 9
volver a + Infinitiv 132
volverse loco 57, 156
vosotros 265, 269
voy 25, 38
vuelto 9, 40
vuestro 274–277

y 355
ya 212
ya no 212, 370
ya que 360
yendo 25, 51
yo 265

Zahlwort
Altersangabe 236
Bruchzahlen 241
Datum 234–235
Geschlecht des Zahlworts 165
Grundzahlen 229–238
Mengenangabe 77, 169
Milliarde 229, 233
Ordnungszahlen 239–241
Prozent 238
Uhrzeit 78
-zar 47
Zeitenfolge 118–125

Notizen

Notizen